子育て支援の方法と少年教育の原点

三浦清一郎

学文社

まえがき――子育て環境の喪失

「応援環境」とはなにか

家庭は子どもにとって最も影響力のある学習環境である。子どもが人生を学ぶ期間もおそらく最も長期にわたっている。父母は最も影響力のある指導者であり、支援者である。それゆえ、昔から「父母の恩」と言う。それは「山よりも高く、海よりも深い」。父母を評するこの言葉は、家庭の影響力の大きさを象徴している。あらゆる面で子どもの成長と「一人立ち」にとって家庭が「鍵」であることは昔も今も変わらない。

しかし、家庭がどれほど重要であるにせよ、学ぶ本人は疑いなく子ども自身である。それゆえ、子どもの成長を促す子育て環境が極めて重要になる。子育て環境は「応援環境」と「鍛錬環境」とから成り立っている。「鍛錬」という語感に反発を感じる人々もいるので「自立のトレーニング」と言い換えてもいい。要は、「一人立ち」のために子どもの準備を整えることである。

少年の危機の多くは家庭に発していることは事実であるが、正確には家庭の教育環境のバランスの喪失に発しているのである。バランスとは「応援」と「自立のトレーニング」のバランスの意味である。

応援の三大要素は、「癒し」と「励まし」と「指針の提案」である。少年野球の応援団が「ドンマイ!」「頑張って!」「かっ飛ばせ!」と叫ぶのと基本的に変わりはない。

他方、鍛錬環境とは自立に必要となる個々の条件の習得である。要は「今はできないこと」を「いつかはできるようになる」ための子どもの挑戦であり、子どもに挑戦を続けさせるための親の支援である。

「風」は生まれるか——夫婦共同参画の不可欠性

家庭の教育環境の創造は夫婦の共同参画が原則である。子どもの成長を応援する環境整備に夫婦が共同で参画できない場合は、多くの点で応援のやさしさも鍛錬の効果も共に失う。しかし、家庭というのは他人が踏み込むことを許さない私的領域である。昔から、「夫婦喧嘩は犬も食わない」。また、現代はシングルマザーを始め、家族の形態も様々である。もちろん、本書も個人の私的領域における夫婦のあり方に踏み込むつもりは全くない。それゆえ、子どもの養育に関わる人々の共同参画と言った方がより正確であろう。

ここで「共同参画」とは家庭環境における「協力」と「一貫性」を意味している。もちろん、「協力」と「一貫性」の原理は、家族の形態に関わりなく、大家族にも片親の家族にも当てはまる。一昔前は「家風」と呼んだ環境のことである。

母が喜び、父に褒められれば子どもの元気はふつう何倍にもなる。父に叱られ、母に泣かれればふつう子どもは立つ瀬はない。母もそうするし、父もそうすれば、物事は「そうするものだ」とふつう子どもは合点がゆくものである。子どもを取り巻く人々が、「みんなそうする」ので、子どもは「自分もそうする」のである。これが「家風」の教育力である。古風な言い方をすれば「感化」の風である。家族の共同と子育て環境の一貫性は学ぶ効果を相乗的に倍加するのである。

「風」の中で育つ

養育において夫婦を始め、関係者の「協力」が得られないと養育行動の一貫性が実現できない。「一貫性」がなければ、「家風」の風は吹かない。両親の協力がないと、子どもは時に一方の親からしか応援が得られない。家族の共同がないと、子どもは時に、両親の板挟みとなる。何よりも共同しない親のもとでは、子どもは共同の精神を学ぶ機会を失う。協力と一貫性は「風」の元である。これは「家風」に限ったことではなく、「社風」も「校風」も同じである。どんな分野にせよ、リーダーシップの基本は集団の中に「風」を吹かせることである。願わくば子どもはいい「風」の中で育ってほしいものである。そうすれば、子どもは特に教えられることはなくても、人生の多くを自ら「風」に学ぶのである。

要するに子どもは家族の子育て環境の「風」の中で成長する。大家族の場合、核家族の場合、片親の家族の場合、それぞれに現実の応用形態は違ったとしても、一貫した「癒し」と「励まし」と「指針の提案」が応援環境の原則である。これらの要素を欠如した時、子どもは行き所がなく、淋しい。子どもに限ったことではないが、困難に耐えて、人生の挑戦を続けるためには、何処かで誰かの応援が不可欠である。もちろん、応援は家族以外のどこから来てもいい。不幸な生い立ちをした人が世間の応援を得て一人前になった例は枚挙に暇がない。

「応援八割」

応援の目的は子どもが「一人前」の鍛錬の過程を全うするためである。鍛練の重要性を忘れれば、「応援」はすでに応援ではない。子どもを慰め、受け入れるだけでは「応援」とは言わない。過剰な「受容」は成長過程にある子どもに「甘い毒」を与えるのに似ている。

家族を代表する父母は世間から「保護者」と呼ばれる。したがって、家族の子育ては「保護」をもってその第一任務とする。しかし、保護の目的は、子どもをつつがなく「一人前」にすることである。この目的を忘れ、「一人前」に育てることができなければ、「保護」の努力は元も子もなくなる。少年犯罪や家庭内暴力は、子育ての努力が「元も子も無くなった」極端な場合である。それゆえ、保護の理想は「自立のトレーニング」を前提とした保護であり、保護と自立のバランスのとれた「応援環境」の創造である。

家庭に限らず、教育の原則は子どもの成長条件の「さじかげん」にある。教育は「くすり」に似ている。服用が足りなければ、効果が現れず、過剰に与えれば、副作用を免れない。

昔から「よく遊べ、よく学べ」という。学ぶことも遊ぶこともバランスが重要である。「かわいくば五つ教えて、三つ誉め、二つ叱って良き人と為せ」とも言う。言い伝えは「誉めること」と「叱ること」の「さじかげん」を諭している。この場合は三対二の比率であるから、「やさしさ六割、厳しさ四割」の原則である。しかし、過保護の現代は、学校も、家庭も、急に方向転換はできまい。それゆえ、厳しさは二割おまけして「応援八割」、「鍛錬二割」でいい。今のように鍛錬がほとんど存在しない状況では、一気に厳しいトレーニングを課すことは難しい。緩やかな鍛錬を再開するほか子どもの救いようがないのである。「鍛錬二割」でもやらないよりはよほどいいのである。

応援を伴わぬ鍛錬はただの「残酷」

しかし、応援にせよ、鍛錬にせよ、子育て要素の組み合わせ方は個々の家族の判断である。家族が拒否すれば、私的領域には理論も、説明も届かない。行政主導の「家庭教育推進」のための事業がほとんど効果を発揮しないのはそのためである。現代、家族は聖域であり、「プライバシー」は他者の介入を許さない。親権を理由に、「なめて育てようが、叩いて育てようが私たちの勝手だ」というのが、私的領域の極論である。そのため、虐待されている子どもを救うことも難しく、甘やかされて駄目になる子どもを救うことはもっと難しい。私的領域が「聖域」であるという論理は子育ての「夫婦共同参画」にも、家庭の「男女共同参画」にも共通している。

子どもの健全な発達は、保護と自立のトレーニングが相補い合って、達成される。それゆえ、子どもに対する応援と鍛錬は表裏一体である。「暗」があって「明」があるように一体である。「暗」がなければ「明」の認識はできない。「暖」があって初めて「寒」がわかる。このように人間の認識はほとんどの場合が「対比的」である。同じように応援環境と鍛錬環境も相互補完的である。応援の基本精神は「保護」であり、鍛錬の基本精神は「自立」である。「応援のやさしさ」は「鍛錬の厳しさ」ゆえに輝く。表裏一体の要素は片方の要素がもう一方の要素の存在理由となる。応援と鍛錬もそのような相互補完の関係である。応援を伴わぬ鍛錬は鍛錬ではなくただの「残酷」である。部活等におけるいわゆる「しごき」の危うさはこの辺にある。教育に名を借りた「厳しさ」だけの落し穴である。

鍛錬を伴わぬ応援は「甘い毒」

応援には「甘え」が許されるが、鍛錬にはふつう「甘え」は許されない。応援は基本的に子どもを受け入れる「受容」であるが、鍛錬は基本的に子どもの手を放す「自立のすすめ」である。それゆえ、応援がなければふつうの子どもは厳しい鍛錬に耐えることはできない。それゆえ、応援のない鍛錬は時に「残酷」と紙一重となるのである。しかし同時に、子どもが努力せず、「辛さ」に挑戦していない時の応援はただの過保護であり、ほとんど「甘い毒」に近い。困難への挑戦を忘れた応援には、応援の効果はほとんどなく、過保護の副作用だけが残る。応援と鍛錬もまた、常に対比的であり、バランスよく組み合わさってはじめて意味を持つのである。

闇が光を引き立てるように、鍛錬の「辛さ」が応援の「温もり」を引き立てるからである。子どもに限らず、人はやさしさに励まされて、辛さに耐え、向上の「挑戦」に立ち向かっていくのである。それゆえ、自分と戦っていない子どもへの応援は、結果的に応援の意味を「甘い毒」と化し、鍛錬の辛さを増幅してしまう。かくして、応援環境の喪失は鍛錬環境の喪失を意味し、鍛錬環境を欠いた節度なき応援は「わがまま」と「勝手」を増殖する温床となるのである。少年非行も、学級崩壊も、登校拒否も、引き籠りも、家庭内暴力も「一人前」を育成する過程の失敗である。もちろん、「半人前」が「一人前」になれないのは応援と鍛錬をほどよく組み合わせた環境が崩壊したことが理由である。

その結果が現在の「少年の危機」である。

目　次

第1部

子育て支援の論理と方法

1 子育て支援の論理と方法
――「豊津寺子屋」モデルの意味と意義

「豊津寺子屋」モデルを提出する意味は、第一に、子どもの居場所にプログラムを付加して「青少年の健全育成」を果たし、第二に、子どもの指導を通して「高齢者の活力」を引き出し、第三に、「保育」と「教育」を融合して男女共同参画の条件を整備し、第四に学校施設を活用することを通して「コミュニティ・スクール」の実現を図り、最終的に、財政難時代の地域の複合問題に対処する官民協働の「総合的システム」を創造することである。

1 地域が当面する諸課題――問題の「複合性」とはなにか？

子育て支援をめぐる問題は複合的であり、その停滞の原因も多種多様である。しかし、最大の原因は、現行の行政制度の「縦割り」の壁であり、保育と教育をバラバラに行なっていることである。学童期における保育と教育の分離は、結果的に、子育て支援のシステムもプログラムも、人、もの、金、時間等社会的資源の無駄と徒労を生み出し、地域の複合的課題に応えるシステムを作り得ていない。

地域社会が当面する課題は、少子化であり、高齢化であり、男女共同参画の条件整備の不十分であり、少年問題の多発であり、財政難であり、最終的には、これらの問題に対処する分業化された現行システムの制度疲労である。これらの諸問題は、同時多発的に発生し、それぞれに絡み合って、地域課題を複合化している。

それゆえ、子育て支援の最適のシステムを構築するためには、保育と教育を結合することにとどまらない。財政難を考慮し、高齢化も視野に入れ、社会に参画する女性の条件整備を果たし、学校のあり方を含め、従来の分業を見直し、行政の硬直的な縦割りを正さなければならない。

2　事業システムの「数鳥性」

問題の複合化は、当然、解決策の総合化を要求する。複合化する地域社会の課題を解決するためには、それぞれの課題に関わる諸要素・諸分野を組み合わせた総合的なシステムが提案されなければならない。構想すべきシステムは複数の目的を同時に果たさなければならない。それが事業の「数鳥性」（山口県が使用した標語）である。「数鳥」とは「一石二鳥」の「鳥」が二羽以上になったことを意味する。子育て支援は従来の分業の論理に従って、子育て支援だけを目標にするだけでは十分ではない。高齢化も視野に入れ、財政難も考慮し、制度の効率的活用も果たさなければならない。複合問題は、システムの「総合化」と目的の「数鳥性」を同時に必要としているのである。「タコつぼ」化した従来の分業システムを統合して、複数の目標を同時に達成する仕組みを発明しなければならない。

それゆえ、求められている事業システムは、少子化の防止に繋がり、熟年の元気に繋がり、子どもの自立を達成し、女性の社会参画条件の整備に役立ち、行政の連携・融合を促進し、学校をコミュニティ・スクールに変革し得るようなものでなければならない（図1）。

はたして、そんな事業システムが可能か!? 福岡県豊津町が展開している「寺子屋」事業はまさに「保教育」を原理に掲げた「数鳥性」事業の実践モデルの創造を目指している。資料1の(1)(2)は

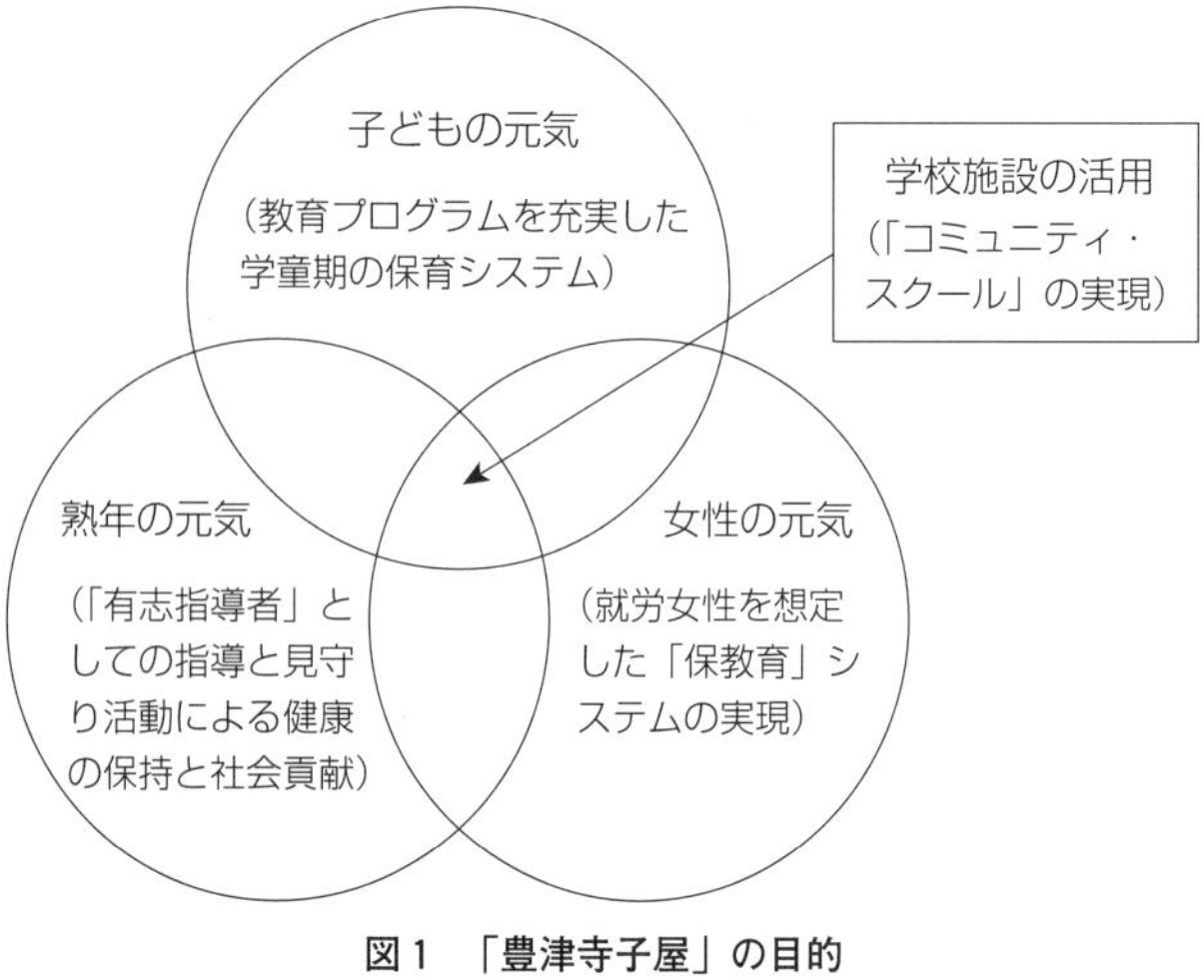

図1　「豊津寺子屋」の目的

実行委員会が町長に提出した「豊津寺子屋」の歴史と事業総合化の視点である。

資料1　寺子屋事業総合化の歴史と視点

(1)「豊津寺子屋」事業の歴史と経過

平成一四年度　豊津町男女共同参画社会まちづくり懇話会が発足
　提言と行動計画の策定
平成一五年度　豊津町男女共同参画行動計画実行委員会
　子育て支援のための相談事業の実施
平成一六年度　子育て支援事業として「豊津寺子屋」の開設
　豊津小学校でパイロット事業の開始　毎週土曜日及び夏休みに開校
平成一七年度　町内にある三小学校を対象に毎週月曜日から金曜日の放課後と夏休みに開校

(2)行政的視点から見た「寺子屋」事業の内容と方法

1　放課後及び休暇中の子どもの居場所を確保し、異年齢の集団を組織化して、子どもの多様な活動を展開する。
2　全小学校における「寺子屋」事業のシステム化によって、学童期の子どもをもつ家庭を支援し、特に、女性の就労及び社会参画の条件を整備する。
3　対象は小学生、一年生から六年生までとする。
4　学校の「コミュニティ・スクール」化を想定し、活動場所は学校施設の開放によって確保する。

5　活動の指導は町の内外から熟年を中心とした指導者を募り、研修、登録、指導プログラムの立案によって豊津寺子屋有志指導者グループを組織化する。

6　活動プログラムは「有志指導者」の指導可能領域を勘案の上立案する。

7　プログラムの時間帯は従来の「学童保育」の時間帯をモデルとして工夫する。

8　パイロット事業の経験に鑑み、寺子屋プログラムへの参加は「有料制」とし、「有志指導者」に対しては行政判断による若干の「費用弁償」を行う。

9　万一の事故に備えて指導者には指導を依頼する行政の責任で、参加児童にはそれぞれの家庭の責任で安全保険をかける。学校が主体的に参加すれば文部科学省関連の「学校安全会保険」の適用も可能である。

10　パイロット事業の成果を踏まえて、活動方針及び指導の原則を継承し、参加児童の保護者からは寺子屋プログラム及び活動指針に対する同意書の提出を義務付ける。

3　男女共同参画条件の整備のための「保育」と「教育」の融合
――「保教育」概念の提唱

現状で提案されている子育て支援の方法は保育の視点から見ても、教育の視点から見ても極めて不十分である。保育には教育の視点がなく、教育には保育の視点が欠如している。それゆえ、子どもの「安全」と「発達」を総合的に配慮する視点を欠き、支援の方法は非効率的で、男女共同参画を推進する条件整備の課題に応えていない。また、支援の中身は、幼児に対しても、少年に対しても、地域プログラムは教育原理上のバランスを欠き、指導の体制も極めて不十分である。さらに子どもの参加者数が増大した場合、現行の社会教育施設では十分な活動を展開できないことは明らかである。それにもかかわらず、地域の公共施設の中で、子どもの活動に最も適した学校は、人的、物的資源の地域開放において、極めて閉鎖的・非協力的であり、放課後や長期休暇中の学校施設は到底、子育て支援の「場」とはなり得ていない。

子ども達にとっても、親にとっても、最も必要なのは安全な居場所であり、健全な成長を保障する「保育」と「教育」の同時提供である。これを新しく「保教育」という概念で呼びたい。従来の「一時預かり」や「学童保育」だけでは女性は安心して働きに出たり、心置きなく社会的活動に参画することは不安である。その理由は保育の機能が不十分であるというだけではない。もっとも肝心な点は、通常の「預かり保育」には、積極的な「教育」がなく、躍動的な「遊び」がないことである。

その原因は、保育が保育行政だけに任され、教育は主として学校に分業化されたからである。一時保育や大部分の学童保育には、「預かり」や「安全管理」の機能はあっても、子どもの成長・発達を促進する十分な「教育」や「遊び」の視点がなく、教育プログラムを実行するシステムや機能が存在していない。二～三人の保育者が数十名の、しかも異年齢の子ども達を小さな空間に閉じ込めて、教育や遊びのプログラムを展開することはそもそも不可能であった。

それゆえ、「保教育」の概念は、「預かり」や「安全管理」と「教育」や「遊び」の視点を結合することである。換言すれば、保教育は、親の不在の時に、子どもの居場所と安全を確保し、同時に、成長期の子ども達にその発達を促す教育と遊びの指導を保障することを意味する。

保教育を必要とする背景は、「女性の社会参画」条件の促進であり、放課後や休日に残された監督者のいない「異年齢集団」の子どもを想定した教育的補完の必要であり、失われた「地域の遊びや教育力の復活」であり、最終的には、保護者が安心できる子育ての条件を整備して「少子化」を防止することである。

4　保育における教育の不在——教育における保育の不在

「保教育」が実現できない理由は保育が教育機能を考えず、教育が保育機能を考えないからである。保育には、教育プログラムが不在であり、プログラムを実施する指導者が不足している。反対に、教育には、保育の発想が欠如し、働く保護者への支援機能がほとんど全く考慮されていない。

現に、教育行政が提案している子どもの活動プログラムは、教育や遊びの枠の中だけで発想され、保護者の労働時間帯はほとんど考慮されていない。したがって、地域における既存の教育プログラムは、親の仕事には関係なく、通常の学期中も、休暇中も、活動の時間帯・日数ともに、不定期、不規則にしか提供されていない。

結果的に、教育分野における子育て支援のプログラムは質量ともに貧弱である。なにより、参加する子どもの数は少数であり、活動は不定期であり、参加者の延べ人数に至っては投入している公金の「費用対効果」の評価基準に到底耐え得ない。結論は、子育て支援の教育プログラムは、保護者に対する「支援」の名に値しない。保育機能を伴わない教育プログラムは、男女共同参画時代の子育て支援にはならないのである。すでに女性の就労率は七割を超えたといわれる。両親が就労している家庭にとって、たとえ教育上の意義はあっても、保護者の労働している時間に、子どもの居場所と子どもの安全が確保されない自由参加の教育プログラムはほとんど意味がないのである。

したがって、真に、家庭の子育てを支援するためには、「保育」と「教育」の両方が不可欠であり、対応策は子育て支援施策における保育と教育との結合した「保教育」プログラムの実践である。現行システムの問題点は、行政の仕組みの上でも、プログラムの中身と方法の上でも、「保育」と「教育」を分業化して切り離したことである。その反省の上に立った「豊津寺子屋」のシステムは「保育」と「教育」を同時に遂行する「保教育」を目的としている。それゆえ、寺子屋のプログラムは子どもの活動の教育性を高めるにとどまらず、保育の時間帯は女性の就労と社会参画の条件整備を意識し、夏休みは土日とお盆休みを除く毎日八時〜一八時に設定し、通常日は一五時〜一八時を設定している。

家族、なかでも女性が安心して子どもを育て、安心して社会に参画でき、安心して次の子どもを生めるようにすることが制度の目的である。寺子屋システムの最終的かつ最大の目的は「少子化」の防止であることは言うまでもない。

5 プログラムの実行を保障する指導者の重要性

(1) 多様・多数の指導者の必要

プログラムがあるだけでは子どもの活動は自転せず、子どもの遊びも自然発生はしない。「遊び場ひろば」を作れば、子どもが失われた子ども集団を取り戻し、健全に成長するというのは、現代の「迷信」である。福岡県が大金を投入した「アンビシャスひろば」の補助事業は、保育の発想を欠落し、上記の「迷信」の上に発想された事業である。文部科学省が補助する「子ども教室」事業の大部分も似たり寄ったりである。指導者が質・量共に不足しており、プログラムは散発的で貧しく、保育の発想は皆無に近い。

「居場所」を準備しただけでは、現代の子どもは自らの集団も作り得ず、自分達で遊ぶことすらままならない。それゆえ、活動を組み立て、方法を工夫し、子ども達の安全を確保しつつ、彼らの活動を応援・激励してプログラムを実施する指導者が不可欠である。しかも、子どもの活動が豊かで、多様なものにしようとすれば、遊びから集団生活まで、プログラムも多種多様でなければならない。したがって、多様な分野の数多くの指導者が必要になる。もちろん、財源さえあれば、指導者は発掘できるであろう。しかし、地方の自治体には、すでに、放課後や休日の子どもの指導に振り向ける潤沢な財源はない。地域での活動を希望する子どもに十分な数の指導者を雇用する予算はない。指導者の数は、プログラムの質・量に関係するが、放課後や休日の保教育を念頭におけば、学校教員に優るとも劣らぬだけの人数が必要になるのである。しかしながら、財政難の今日、実際問題として、職業的指導者は諦めなければならない。それゆえ、時間と経験とエネルギーに富んだ熟年の方々に応援をお願いしなければならない。指導者を構成するのは熟年を中心とした地域のボランティアである。熟年の活動は、子育て支援の中核としてプログラムを支えると同時に熟年自身の健康と生き甲斐に寄与する。青少年育成が「表の目標」であるとすれば、熟年の活力創造は「隠れたカリキュラム」としての「裏の目標」である。

熟年ボランティアの発掘と養成が急務となる所以である。

(2) 何故、熟年か？ 高齢者の活力維持条件――「社会的承認」と「活動の継続」

定年を迎えるまで現代の熟年世代はお元気である。しかし、生涯学習や社会貢献の発想を欠いた高齢社会の悲劇は、定年を境に人々の心身が一気に衰えることである。高齢者の宿命は「老い」である。「老い」とは「『衰弱と死』に向かっての降下」（ボーヴォアール）である。「老い」は放置すれば、例外なく「衰弱と死」への降下を加速する。日本社会の危機は、衰弱の加速に起因している。高齢者の「老い」を抑止する上で、現状の生涯スポーツや生涯学習は十分な貢献を果たしていない。医療費と介護費の大赤字がそれを証明している。社会教育に政治の評価が得られないのも、公民館や生涯学習センターの社会貢献が全く不十分だからである。

急激な衰えは年齢からだけくるものではない。主たる原因は定年後の人々が日々の目標を喪失するからである。高齢者の目標の喪失とは、社会に「必要とされなくなること」を意味する。定年による労働の終わりは、社会的生産とサービスの終焉を意味する。労働を通した社会「貢献」の終わりであり、職業的「役割」の消滅である。

結果として、定年後の熟年は人々に切実に必要とされる場面が激減し、自分の存在に対する社会的承認を得ることが難しい。この「無用」感こそが老いの最大の敵である。必要とされなければ必然的に心身の活動は激減する。使っている間は機能を保持できるが、使わなくなれば、人間の機能は一気に衰退する。生理学的にも、必要でない機能を保持する理由はないからであろう。人間の心身は合理的である。使わない筋肉も、使わない頭脳も、使う必要がないことによって衰える。

それゆえ、熟年の元気を保持・存続させる最重要の方法は、心身の機能を使い続けることである。「予防の医学」に倣って言えば「予防の福祉」である。そのためには、生涯学習やボランティアの発想を具体化して、彼らの「活動の場所」を創造し、彼らが社会的に「必要とされる」条件を発明することである。

子育て支援の指導者の役割が「必要な活動」の工夫の一つであることは疑いない。なぜなら、あらゆる子どもの活動の指導に熟年の能力を生かすことができる。特技を持っていない熟年でも安全の見守りはできる。ほとんどの熟年は子育て経験者であり、かつては多くの部下を指導した経験者である。しかも、他の世代と比べて、熟年が最も時間的自由に恵まれており、人生経験が豊富であり、経済的に一定の老後の保障も受け、エネルギーも残っている。

ただし、取り組みは急がなければならない。定年後の「活動の空白」こそが危険の原因であるからである。何ひとつ社会的活動に貢献しない彼らが要介護者に転落するのは時間の問題であり、心身の故障を多発して地域の医療負担を増大させるのも時間の問題である。「豊津寺子屋」では活動を通して健康を維持した高齢者も、地域社会への貢献著しい高齢者も年度末に顕彰し、彼らに対する社会の感謝の思いを伝えている。資料2は毎年度末に行なう「表彰制度」の考え方である。

資料2　「有志指導者」表彰制度

豊津寺子屋を支えてくださった「有志指導者」の功績に鑑み、子ども達、保護者および行政からの感謝を込めてそのボランティア・スピリットと地域社会への貢献を顕彰します。

1　(**特別感謝状**)
「寺子屋」事業に対する多大の奉仕と参画に対する感謝状
原則として、年間五〇回または一五〇時間以上の指導実績

2　(**特定技術貢献感謝状**)
他に抜きん出た専門・特別の技能・技術を用いた貢献に対する感謝状
貢献の種類/内容については実行委員会で協議する

3　(**運営貢献感謝状**)
物的および財政上の貢献に対する感謝状
寺子屋活動に対する材料や資金の提供による著しい貢献に対する顕彰

4　（健康賞）六五歳以上の「有志指導者」で、一年間の指導期間を通じて二〇回以上の指導実績を持ち、その間、病院や医者の世話にならなかった健康な熟年指導者の顕彰

6　ボランティア指導者の養成と活用

(1)　日本文化への配慮と「他薦」方式の厳守

「ボランティア」は輸入概念である。その適切な日本語訳がなく、いまだにカタカナを使っているのが何よりの証拠であろう。それゆえ、活用にあたっては、日本文化との整合性を配慮した工夫が必要である。ボランティアの発掘にあたって、最も配慮すべきは日本文化が強調する「謙譲の美徳」である。

この社会では「慎ましい人」や「誠実な人」や「奥ゆかしい人」は遠慮がちで、自ら名乗り出ることは少ない。「手をあげる」こと自体が謙譲の美徳に反することが多いからである。かくして、「能ある鷹」は爪を隠し、実るほどに「稲穂」は頭を垂れる。満開の藤の花は「下がるほどに」その名は「上がる」のである。かくして日本社会のボランティアの「自薦」式募集は禁物である。多くの自治体の「人材バンク」が機能しないのはその原因の多くが「自薦」方式を採っているからである。いささか乱暴な総括になるが、この国では、「自分で手を挙げて出てくる人」は多くの政治家の例を始め

として、危ないのである。そこで福岡県宗像市の「市民学習ネットワーク」事業の指導者も、同県豊津町の子育てボランティアの「有志指導者」も、募集に際して「自薦」は受け付けず、「他薦」の方式を採用したのである。

日本の文化に照らせば、「他薦」の場合、被推薦者の行動については、推薦者が責任の半分を負わなければならない。他方、推薦を受けたものは推薦してくれた人の顔をつぶすことはできないので頑張る。被推薦者が評価に適わなければ、推薦者は目利きではない、という評価に繋がり、推薦者の顔に泥を塗ることになるからである。それが日本文化の「掟」である。かくして、「他薦」方式には、推薦者の威信がかかっており、被推薦者の推薦者に対する礼節の義務が伴い、二重の意味で制御装置が働くのである。宗像市も、豊津町も推薦いただいた「有志指導者」の「落ちこぼれ」は極めて少数であった。文化の抑止力は機能しているのである。「豊津寺子屋」はかくして「幼(少)老共生」のモデルとなり得たのである。

■予防の福祉■

人生は活動でできている。労働が終わった後に切れ目なく新しい活動を始めなければ、定年者の心身は急激に衰えて行く。高齢者の活動を支えるのが生涯学習・生涯スポーツ・ボランティア活動の役割である。

治療より予防に重点をおく医療は予防の医学と呼ばれる。定年者に活動の機会を提供し、やり甲斐と生き甲斐のプログラムを用意し、心身の衰弱を防ぐ手だてを講じるのは「予防の福祉」と呼ぶべきである。「豊津寺子屋」は高齢者の力を借りて、子ども達の「保育」と「教育」を行なう。子ども達の指導を通して高齢者は活動を継続し、心身の活力を維持する。高齢者が子ども達を支え、子どもの指導が高齢者の元気を守る。「予防の福祉」は「幼老」の共生でもある。

(2) ボランティアへの「費用弁償」――「存在必要」の証明

日本社会の大きな失敗はボランティアを「ただ」でお願いしたことである。人間が働けばお腹は空く。移動すれば交通費もかかるだろう。それらを総て「手弁当」で賄った上、他者のための活動を続けてくれというのでは、頼む方に無理がある。「ボランティアただ論」の理論的根拠は、欧米社会が掲げたボランティアの「無償性」であるが、「無償」の概念に対する理解が浅薄である。「無償性」とは「労働の対価」を受けない、という意味である。無償性に含まれた「償い」とは報酬や賃金を意味し、活動に必要な経費すら受け取らないという意味ではない。第一、活動費用の弁償がないのに、活動を継続できる人は基本的に恵まれた人だけである。ボランティアは恵まれた人だけの特権ではない。さらに、社会が「費用弁償」の制度まで整えて、「有志」の参加と貢献を呼び掛けるのは、それが社会的に意義のあることであり、必要なことだからである。それゆえ、「費用弁償」は「社会的必要」の象徴であり、そこからボランティア参加者のやり甲斐と社会に「必要とされている」という実感」が生み出される。彼らが受け取る「費用弁償」は彼らの「存在必要」の証明である。社会に必要とされることが彼らのエネルギーを生み出し、やりがいや生き甲斐に通じることは論を俟たない。上記の通り、「豊津寺子屋」のボランティア指導者は「他薦」方式によって発掘している。また、ボランティアの指導には三時間を基準として一五〇〇円の「費用弁償」を支払っている。「他薦」と「費用弁償」という二つの配慮の組み合わせによって、脱落者はほとんどいない。ボランティアの「無償性」原則を「ただ」と解釈したことが日本社会、特に教育行政と福祉行政の最大の失敗であった。「無償」とは報酬や賃金など「労働の対価」を受け取らないという意味に限定すべきであった。

(3) 子育て支援研修の義務化

子どもの居場所を作っただけでは子どもの成長は保障できない。問題はプログラムであり、その実施方法である。子育て支援の成否を決定する最大の試練は、指導者の確保と彼らが実施する指導の中身と方法の研修である。なぜなら、戦後日本の教育は、「子宝の風土」の副作用を抑止できず、子ども達は「へなへな」であり、社会規範は身に付いていず、礼節は不十分であり、思いやりややさしさの態度や行為にもおおいに欠けるところがあるからである。

「豊津寺子屋」の少年プログラムはその構成と実施方法が従来の学校教育や社会教育、当然、家庭教育とも大いに異なる。原理的に、「半人前」の意志は「半分」しか認めない。教育の主導は指導者であり、指導の方法は子どもの生活に必要な「型」を楽しく工夫して反復に重点をおく。子どもは「一人前」に向かって体力も、我慢強さも、礼節も、共同の精神も、思いやりの態度も身に付け、日本語の基本を「体得」する。子ども集団は小学校一年〜六年までの異年齢構成である。

それゆえ、ボランティアの指導者には「子育て支援」研修の受講をお願いしている。研修を受講しないものは指導の資格を与えないというルールである。子どもの自立にはプログラムが命である。プログラムを確立するためには、指導者の考え方が最も重要である。それゆえ、ボランティアは指導を開始するにあたって、戦後教育とは異なり、現行の学校教育とは一線を画した指導原理と方法の研修を導入している。基本は「守役」の機能であり、子どもの指導は楽しいことを旨とはするが、中身は「型の体得」に重点をおいた指導法である。ボランティア指導者が「指導の原則と方法」を納得した後は、指導カリキュラムの作成を委任し、チーム指導体制を導入している。養成研修の内容の一例は資料3の通りである。子どもの指導計画は資料4の通り、指導者を二〇を超える領域別チームに編成し、内容・方法ともに、チーム内の合議によって決定している。

資料3　事例：豊津寺子屋有志指導者研修会レジュメ

豊津寺子屋有志指導者研修会——少年の現状と少年教育の原点

1　少年教育の原点
　保護から自立へ
　「半人前」から「一人前」へ
　依存から独立へ
2　「生きる力」とはなにか？
　文科省定義の修正と具体化
　「生きる力」の順序性と構成要素
3　「生きる力」が衰えた理由と原因
　「子宝の風土」の風土病——四つの過剰の副作用
　(1)　世話の過剰

(2) 指示の過剰
(3) 授与の過剰
(4) 受容の過剰

4 欠損体験の重大性
＊「体験の欠損」は
自然体験、異年齢集団体験、社会参加体験、
自発的活動体験、困難体験などの欠損
＊「体験の欠損」は「教育プログラムの欠陥」
＊「体験の欠損」は「発達上の欠損」
＊「やったことのないことはできない」
＊「学んでいないことは上手にはできない」

資料4 「チーム指導」について

1 **目的**
寺子屋のプログラム別に別紙（省略）のような「指導チーム」を編成し、指導者の配置と指導方法をチームの自主的な決定ができるように配慮し、合わせて事務の効率化を図りたい、と考えております。

2 **チームの編成方法：**
＊「有志指導者」の現状の指導体制と活動分野を分類し、総計二一のチームを編成しました。
＊ 各チームにはこれまでの指導の回数などを勘案して実行委員会が「リーダー」と「サブリーダー」を選出しています。

3

「リーダー」及び「サブリーダー」のお役目

＊「リーダー」及び「サブリーダー」は編成された寺子屋プログラムの指導の中身と方法を相談し、指導のチームのメンバーを決めていただくお役目です。

＊二学期のプログラム日程をごらん頂き、リーダーの方にはそれぞれのチームから、当日の指導にあたるメンバーを選んでいただきます。その時、リーダーのご都合とプログラムの日程が合わなかった場合には「サブリーダー」の方が中心となって指導をお願いすることになります。

＊万一、「リーダー」も、「サブリーダー」も、ご都合が悪く、当日の指導ができないという場合もあるでしょう。その時は、お二人が相談してご自分のチームの中から当日のプログラム指導の責任者を選んで、チームを編成し、事務局までお知らせ下さい。

4

特別プログラム

＊寺子屋の通常活動は二一の分野に分類いたしましたが、二学期以降はすこしずつ特別なプログラムを導入して参りたいと考えております。

＊特別プログラムの例としては、「通学合宿」、「野外ハイキング」、「農業体験」、「地域清掃」、「施設訪問」、「特別鑑賞プログラム」、「釣り」などを想定しております。

＊特別プログラムの指導チームはその時々で臨機応変に編成いたします。

7　プログラムの中身と方法の転換

(1)　指導原理の再検討――プログラムの「質」・「量」は適切か？

保育の機能に教育の機能を付加するということは、子どもの「安全」に健全な活動を付加することを意味する。目的は立派に「一人前」を育てることである。「一人前」の定義は「保護」から「自立」へ向かうことだと簡単に考えればいい。保護の前提は「自分のことが自分ではできず、自分のことも自分では決められない」ということである。それゆえ、自立の基準は「保護」が必要でない状態に達することである。換言すれば、「自分のことは自分でやり、自分のことは自分で決めること」である。その前提がたくましい心身の育成である。

しかし、現代の子どもは心身共にへなへなである。それゆえ、プログラムの重点は心身を鍛える「体力」と「耐性」の育成である。具体的には、躍動的な遊びと教育活動を組み合わせて、心身の挑戦を応援し、集団生活、社会生活の予行演習をたっぷり実施することである。

プログラムの中身と方法こそがいわゆる「教育力」の主要な構成条件である。家庭の教育力の貧困化を指摘し、地域の教育力の衰退をなげくということは、それぞれの場で実施されているプログラムの質と量を問うことに外ならないのである。特に、重要な問題は、実施されている多くのプログラムが根本の発想において間違っていることである。「子どもの居場所」や「遊び場ひろば」へ出かけた子どもの態度や行動がいっこうに改善されないのはそのためである。子育て支援はプログラムの質を問い、指導上の教育原理と方法論を再検討しなければならないのである。

(2) 「四つの過剰」と「四つの欠落」

「豊津寺子屋」の見学者は、異口同音に〝わが町の子ども達はこんな風に整然と並んだり、ハキハキと返事をしたり、自分達だけで次のプログラムを準備したりすることはできません。どのような指導をしているのですか?〃と質問する。また、〃皆さんのような厳しい、他律的な指導をしたら、子どもは来なくなりませんか?〃とも尋ねる。これらの疑問の背景には「四つの過剰」が存在する。多くのプログラムは子どもの「自主性に任せる」といって、わがままを放任し、「主体性を尊重する」といって、勝手な振る舞いを見逃している。子どもが整列できないのも、他律の中で躍動的に遊びかつ学んでいるという事実が理解できないのも、戦後の教育が間違ったことに気づいていないからである。「四つの過剰」は「子宝の風土」の宿命である。子どもが宝であるという前提に立てば、「宝」を守り、「宝」に奉仕することが子育ての指針になる。「宝」こそが中心であり、「宝」こそが最も重要な存在だからである。

結果的に、日本の育児は「過保護」「過干渉」の傾向を免れないのである。保護や干渉の過剰は、日常、「四つの過剰」として登場する。「四つの過剰」とは、「世話の過剰」であり、「指示の過剰」であり、「授与の過剰」であり、「受容の過剰」である。「世話の過剰」は子どもの自立と独歩を妨げる。「指示の過剰」は判断の停止と「指示待ち人間」の大量発生を結果させた。「授与の過剰」は子どもに感謝のこころを忘れさせる。「受容の過剰」こそはわがままと勝手の生みの親であり、「自己虫《チュウ》」を大量発生させた原因である。

もちろん、世話も指示も授与も受容も、子どもの発達・成長過程においては不可欠/重要なものであることは論を俟たない。「四つの欠落」とは上記の四要素が不十分の場合を意味する。周囲の世話がなければ、子どもは育たず、指示がなければ、日常に対処することもできない。授与が欠ければ生活が頓挫し、周囲に受容されない子どもは情に飢えて、自信を失う。これらの要因のうちのどの一つが欠けても、正常な発達を期待することはできない。要因の不足は断じて避けなければならない。それゆえ、子育て指針の結論は、「過剰」も「欠落」も避けなければならない。大切なのは、発達要因の「バランス」であり、子育てに必要な条件の「さじ加減」である。

しかし、である。われわれの子育て実践の現実は通常「保護」に傾く。「子宝の風土」は「宝」を守ることが鉄則だからである。それゆえ、一般傾向として、「四つの過剰」は生じても、「四つの欠落」は生じにくい。「放任や虐待」は「四つの欠落」がもたらす現象であり、「甘やかしと放任」は「四つの過剰」の子育て実践である。この場合、「放任」は「過剰」にも「欠落」にも双方に発生することに注意が必要である。日常の基本的世話すらしないのは「虐待的放任」であり、ルール違反の指導すらしないのは「甘やかし的放任」である。「虐待と放任」と「甘やかしと放任」はどちらが多いか？　断然、圧倒的に「甘やかしと放任」の方であろう。したがって、世間が受け継いできた「教訓」は「甘やかしと放任の戒め」であった。「可愛い子には旅」や「辛さに耐えて、丈夫に育てよ！」はその代表である。しかし、戦後育児はもとより、戦後教育においても、実行されることは稀であった。

(3) 幼児教育/少年教育の誤謬

経済白書が「戦後は終わった」と宣言をした頃から、戦後教育の誤謬が明白になる。それまでは「貧乏という先生」がいたので辛うじて教育のさじ加減―保護と自立のバランスは保たれていた。「貧しさ」は子どもの責任も、協力も自立も日々の暮らしの中で厳しく問うたからである。

暮らしが豊かになった時、幼児教育/少年教育は保護と自立の「さじ加減」のバランスを失い始めた。地域と家庭の子育ては「子宝の風土」の感情に流されて完全に過保護に傾き、時には教えるべきことを教えない「放任」との同時存在となった。この状況を修正すべき学校では、風土の特性を理解し、保護と自立のバランスをわきまえていた古い先生方が退職し、欧米流の「児童中心主義」が文字通りの主流となった。学校教育は「守役」の本分を忘れ、「児童」こそが「中心」であるとして、規範の指導力を失い、「知育」に傾き、全人教育の役割を放棄したかのごとき様相を呈したのである。

かくして、子育てボランティアの養成研修の核心は、必然的に、「失った保護と自立のさじ加減の回復」が第一、子宝の風土に伝えられた「教訓の復活」が第二、子どもの主体性や自主性を過信する「児童中心主義の過剰信仰の戒め」が第三の目的である。具体的なプログラムの中身と指導原理は、心身の鍛錬と修養を重視し、礼節や規範の体得を主眼とし、異年齢の集団活動体験による社会生活の予行演習に力を入れることを強調した。指導方法の中心は反復による「型」の体得である。言語能力は言葉の「型」の体得であり、礼儀作法は社会における人間関係のあり方の「型」の体得であり、やさしい行為や思いやりに満ちた態度は「あるべき心」の「型」である。「型にはまり」「型通りにしかできない」ことを予防するためには、「型」を修得したあとで子どもに自由な発想で活動する機会をたくさん作ればいい。それが世阿弥のいう「型より入りて、型より出ずる」に外ならない。資料5は、寺子屋の実行委員会がボランティアの「有志指導者」と約束した指導上の「原則」である。

資料5 「豊津寺子屋」指導上の約束

豊津寺子屋の目標は子どもの自立です。その過程で地域の大事な子ども達の「安全」と「生きる力」の向上を目指しています。実行委員も有志指導者も、子どもと保護者の信頼を勝ちうるべく指導には細心の注意と可能な限りの力を尽して当たりたいと思います。ここに「豊津寺子屋」指導上の約束事を定めて一同の自戒としたいと思います。

一 寺子屋の活動は、子どもの自立を最重点の課題とし、『やってみせて、教えるけれど、出来るだけ手は出さない、自分でやるように励ます、努力に対して最大の評価を与える』を指導原則とします。

一 豊津寺子屋の活動は「異年齢の集団」を基本とし、社会生活の「予行演習」を想定しています。知識や技術を「異質の集団」に指導することの困難は承知の上ですが、寺子屋では、「社会の異質性」に適応し、上級生が下級生の世話や指導をすること、下級生が上級生を目標としてがんばることの方がさらに重要であると考えて異年齢集団の活動を重視します。

一 日常指導上の重点は、「礼儀」、「規律」、「後片付け」に置きます。

一 重点指導の基本として、指導者はもちろん、子ども達も、活動の開始、移動、終了などルールと時間を厳守します。

一 指導上、「師」と「弟子」の間の心理的距離を保つ為、実行委員並びに有志指導者は子ども達から「先生」と呼ばせます。指導にあたっては常に「先生の立場」で子どもに接して下さい。「師弟」の緊張関係が確立して初めて、「礼儀」も、「規律」も子ども達の「がんばり」も保つことが出来ます。

一 寺子屋の参加者は全員「名札」をつけます。子ども達に声をかける場合には必ず名前を呼ぶようにします。一人ひとりの子ども達を知り、子ども達が指導者の皆さんを知る時、地域における子どもの安全がより強化できると考えるからです。

一 指導に対して子どもから目に余る反抗や侮辱があった場合には、直ちに「塾長」、「会長」または「事務局」まで連絡して、対処方法を決定します。「不適切な行動モデル」は絶対に看過しないことを原則とします。

一 活動を担当する場合、「緊急時の対応法」、保護者からの「連絡帳」、「寺子屋通信」などを参照の上、指導にあたります。

8 保護者とのコミュニケーション——説明、同意、成果の発表

(1) 選択的参加の原則と有料制

「豊津寺子屋」プログラムは行政と住民が協働で支えるサービスシステムであり、家族による選択制である。したがって、参加しない家族に対する行政サービスと税金還元の公平を期するため、一日一〇〇円の有料制を採用している。経済的に料金の負担に耐え得ない家族に対しては現行のルールの範囲内で適切な行政的支援を行なうことを原則としている。

(2) 対象は小学校全学年、異年齢集団の活動の重視

児童期の保育と教育の重要性に着目し、異年齢集団の教育効果を最大化するため、全学年から希望者を募集する。ただし、学校施設の開放や十分な有志指導者の確保などプログラム実施上の前提条件が整わない場合には、限定募集または地区を限定して実施する。

(3) 同意書の提出

子どもの事故や事件の大半の加害者は子どもである。指導に従わず、ルールを守らない子どもは、躍動的なスポーツや遊びの中では、他の子どもを危険に曝す可能性が大きい。また、指導者を侮辱し、ルールに従わない子どもは活動を阻害し、他の子どもの修得や成長を妨害する。そうした基本的なしつけに欠ける子どもを放置すれば、教育も、指導も不可能であり、他の子どもの安全も保障できない。「豊津寺子屋」の指導方針は通常の子どもプログラムと大いに異なっている。学校の教育方針とも大いに異なっている。子どもは大切にするが、指導の主役は指導者である。寺子屋でも、当然、子どもの自主性を育てようとしているが、原則として、子どもは「型」に従い、彼らの自主性は指導の枠の中だけに限定している。それゆえ、プログラムについても、指導のあり方についても、保護者に対する十分な事前説明と途中経過の報告が不可欠である。なかでも子どもの安全と成長の方向、とりわけ指導の方法と原則については十分に理解してもらうべきである。家庭の理解が得られ、その協力が得られた時、寺子屋の活動は一気に向上するからである。「豊津寺子屋」の指導にあたっては、塾長に

資料6 「豊津寺子屋」事業への参加同意書

このたび豊津町では町内全小学校の全面的なご協力をいただき『豊津寺子屋」を拡充いたします。青少年の健全育成、子育て支援、地域教育力の活性化、男女共同参画の促進など多面的な視点から放課後や夏休みの子ども達に豊かな活動プログラムを提供することが目的です。

学校を拠点として活動を展開する以上、本来の学校教育に支障のないよう施設の管理・運営には万全を期したいと思います。つきましては、「寺子屋」事業の活動ルールを別途定めました。参加児童の保護者のみなさんからは、安全を確保し、教育効果を高めるため、子ども達を参加させる上での「同意書」の提出をお願いします。

1　活動の安全を保証し、万が一の事故に備えて指定された保険に加入します。

2　「豊津寺子屋」事業の趣旨に賛同し、その任意参加制の趣旨を理解いたしました。子どもの参加に際しては、活動のルールを遵守し、学校施設利用上のルールを守り、「有志指導者」の指導に従うよう指導いたします。家庭での指導にかかわらず、万一、子どもが活動を阻害するような行為を止めなかった場合には「実行委員会」の判断に従います。

年　　月　　日

保護者氏名

＿＿＿＿＿＿＿＿＿＿＿＿＿＿印

限り、他の子どもに危険を及ぼす恐れのある行為を繰り返す子ども、ルールを無視して活動を著しく阻害する子どもに対しては厳しく対処し、「尻を叩く」などの体罰を導入するという方針を宣言している。「子宝の風土」の「甘やかしと放任」は限度を越えており、保護者の「過保護―放任の考え方」も限度を越えている。寺子屋では事前の「親子説明会」を開催して、関係者全員に趣旨の徹底を図り、親からは、寺子屋の指導方針に対して同意書の提出を求めている。

また、いじめや逸脱行動についても具体的な対処方法を事前に説明し、特に目に余るルール違反者に対する対処法も「寺子屋通信」等を活用して説明している。

相互のコミュニケーションは学校教育以上に重要である。学校は「プロ」としての信頼を保護者から事前に勝ち得ているが、「寺子屋」は素人集団であるがゆえに、保護者とのトラブルは寺子屋活動を根底から破壊してしまう。当然、学期の終わりには子どもの成果を保護者や関係者に披露すべきである。それが子どもにとっても、保護者にとっても、指導者にとっても、事業の成果を確認し、それぞれの役割と責任を自覚する最善の方法である。

資料6は「参加同意書」の様式である。

9 学校開放の不可欠性

(1)「安全な居場所」――「最適な活動場所」の確保

子どもの拠点は「学校」である。利用施設は体育館、運動場、プール、図書室、家庭科室、理科室などである。学校を活用すれば、子どもは移動の必要がない。施設も環境も、子どもが日常親しんだ、子どものために設計された専門施設である。学校施設であれば、参加者数が増大した場合でも十分に対応でき、地方自治体にとっては最も経済的であり、保護者にとっては最も安心できる施設である。最終的に、必ず、学校の閉鎖性の打破に繋がり、コミュニティ・スクールの創造に繋がる。

子育て支援が全町（市）的に展開されるとすれば、居場所と活動の拠点は社会教育施設では不十分である。児童福祉施設でも不足である。

理由は主として三つある。第一は子どもの参加者数が増大した時、公民館も、児童福祉施設も、その収容能力はパンクする。第二に放課後の子どもも、長期休暇中の子どもも学校以外の施設に通わなければならない。校区内の子どもはともかく、子どもが校区外の施設に通うことは、負担であり、危険であり、結果的に利便上の不公平が生じる。慣れない施設までの子どもの道行きは安全上の問題も喚起する。交通事故しかり、犯罪への巻き込まれしかりである。指定の公民館に辿り着かないで、子どもが〝蒸発〟して大騒ぎになった事例も枚挙に暇がない。第三は公民館も、児童福祉施設も、通常は小規模であったり、成人との共用であるため、子どもの多様な活動の同時展開には適していない。それゆえ、子育て支援の拠点には学校が最適なのである。

(2) コミュニティ・スクールの創造

学校は税金で建設された施設である。目的は限定されているが「公共施設」であることに変わりはない。しかも、なにより、学校は子どものために設計・配慮された施設である。学校教育法第八五条には「学校教育上支障のない限り、学校には、社会教育に関する施設を附置し、又は学校の施設を社会教育その他公共のために利用させることができる。」とある。社会教育法の第四四条は「学校の管理機関は、学校教育上支障がないと認める限り、その管理する学校の施設を社会教育のために利用に供するようにつとめなければならない。」とある。この場合の管理機関とは、市町村にあっては「教育委員会」を指すことはいうまでもない（第四四条の第二項）。

筆者の提案は別の学校の子どもに施設を開放すべきであるといっているのではない。当該学校の子どもに放課後や休暇中の施設を使わせて欲しいといっているのである。そうなれば、どこの地域にも存在する子どものために設計・建築された公共施設が子育て支援の拠点になることは論理の必然であろう。学校は日々通い慣れた場所であり、使い慣れた施設である。広くて、施設設備が充実していて、子育て支援が想定するあらゆる活動に対応が可能である。授業の終了後校外への移動も必要無い。保護者もさぞや安心であろう。学校施設が子育て支援の拠点たり得れば、この国に初めて本格的なコミュニティ・スクールが始動するのである。頑に門戸を閉ざし、子育て支援にすら施設を開放しようとしない学校管理者は「少子化」防止政策の「天敵」である。学校関係者の言い分にのみ耳を傾け、明確に法が定めた学校施設のコミュニティ利用を促進しようとしない教育行政には、子育て支援も、地域の教育力も語る資格はない。

校長の多くは施設を使わせて欲しいという多くの地域住民や母親に対して、学校教育に支障が出ると言い、バカの一つ覚えの『目的外使用』はできないのです、と繰り返してきた。試しに具体的な「支障」の数々を挙げてみたらいい。また、『目的外利用』とは法律のどの条文に基づいて言うのか、その根拠も説明してみたらいい。政治家の不勉強は学校の閉鎖性を黙認し、その施設の占有と運営の独善を許してきた。少子化が喫緊の課題といい、次世代育成の政策を立案し、男女共同参画が国民的課題であるといい、その基本法まで定めるのであれば、子育て支援の拠点として学校施設を開放することが第一歩である。折しも財政難である。活用できる施設はフルに活用すべきである。子育て支援に学校施設を開放することは、財政の節約に繋がるだけではない。学校と地域の関係を強化し、教育と福祉の連携を促進し、コミュニティ・スクールにむかって学校を変革していく突破口である。全国の首長は学校施設の開放に協力しない教育長を直ちに解任すべきである。

■コミュニティ・スクール■

コミュニティ・スクールとは地域社会全体の教育的活動を創造するための仕組みを言う。それゆえ、仕組みの基本は、学校が有する人的、物的、教育的資源を地域社会と共有することが原則である。アメリカなどでは設計の段階から地域と共同利用することを前提として、1階がコミュニティ・ライブラリー、2階がスクール・ライブラリー、運動場は公園を兼ね、プールやカフェテリアは市民開放型というように建設されているものがある。日本の場合は、まず社会教育や子育て支援事業への学校施設の開放が共用化の第一歩であるが、法律で地域への開放のすすめが謳われているにもかかわらず、学校及び教育行政の頑な姿勢のため、コミュニティ・スクールへの道は閉ざされたままである。

10 行政部局間の連携・協力と住民ボランティアとの協働

保教育は「保育」と「教育」との結合である。それゆえ、保育を担当してきた部局と教育を担当してきた部局の連携・協力が不可欠である。また、子どもの指導に定年後の熟年層の力を借りようとすれば、高齢者の健康や福祉を担当する部局との連携協力も不可欠である。もちろん、保教育の事業を「子育て支援」と位置付ければ、それはとりもなおさず、「男女共同参画」の支援事業であり、女性政策の部局との連携も必然である。さらに、自治体全域の子どもが参加するようになれば、単一の公民館や児童センターでは到底、収容し切れなくなる。必然的に、放課後や休日の子どものために、学校施設のコミュニティ使用が始められなければならない。

大量の子どもの活動を安全に支え得る施設は学校をおいてはない。学校こそが子どものために設計・建築された公共施設なのである。保教育の舞台を確保するためには、学校の協力は不可欠である。かくして、役場や市役所の中の「保教育」実行プロジェクトには、福祉と教育の関係部局が参加しなければならない。行政の異分野間連携は、縦割りの分業制を採っている現状では極めて難しい。行政の分野横断型のプロジェクトは、行政内部のイニシャティブに頼っては実現できない。それゆえ、行政による総合化のためのシステムができているところは皆無に等しい。しかるに、連携のためのプロジェクトは政治判断によらざるを得ない。首長のリーダーシップが問われるのはそのためである。資料7及び資料8は豊津町の町長が関係部局の連携を指示した時の方針資料である。連携は児童福祉行政、高齢者健康行政、女性行政、教育行政間のプロジェクトとして発想された。最終的には、住民の委員で構成する「実行委員会」との協働のあり方を模索したものである。

資料7　行政内部の「プロジェクト」制

(1) 行政内部の意志決定及び連絡調整のシステムとして町長の責任指導に基づく「豊津寺子屋」事業総合化委員会（「豊津寺子屋プロジェクトチーム」(仮)）を創設する。

(2) プロジェクトのメンバーは事業の実現に関連する企画調整課、住民課、生涯学習課、教務課および既存の実行委員の代表を想定する。必要に応じて拠点とする学校の代表者を加える。

(3) 二〇〇四年度パイロット事業の経験と成果に鑑み、プロジェクトチームの主管担当課を企画調整課女性政策係とする。

(4) パイロット事業の最大の問題点は事務局の過重負担であった。それゆえ、事務局体制の強化を図る為、現在、児童館及び小学校の学習施設に配置されている学童保育担当の「指導員」を企画調整課（女性政策係）の下に配置転換し、事務分掌を女性政策係の指揮下に置く。

(5) 通信、連絡、印刷、広報、記録など指導事務以外の事務作業が集中する時期に合わせて、年間四か月程度の季節的なアルバイトの雇用が可能となるよう予算措置を行う。

資料8　子育て支援システムの総合化

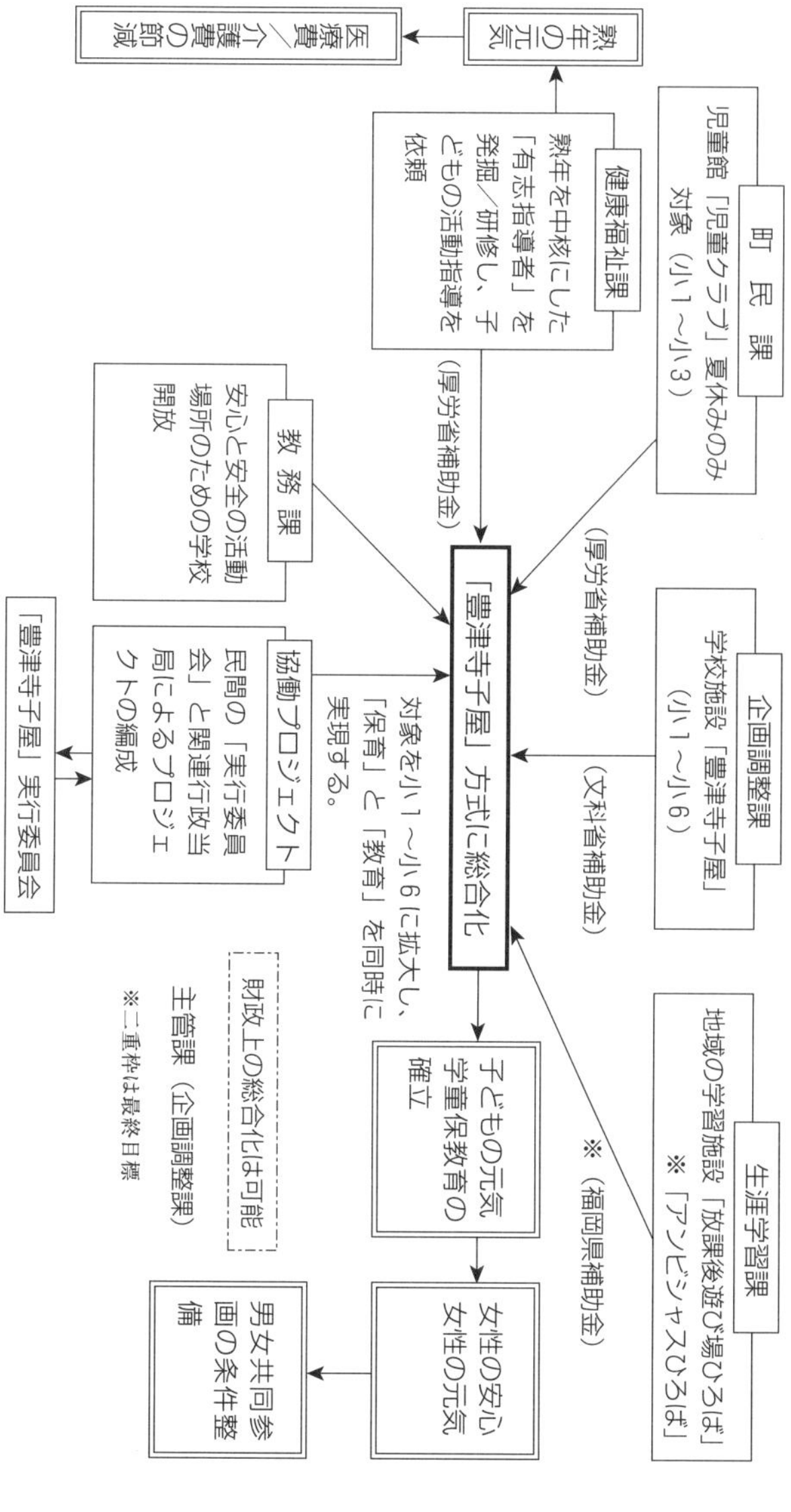

町　民　課
児童館「児童クラブ」夏休みのみ
対象（小1～小3）
（厚労省補助金）
企画調整課
学校施設「豊津寺子屋」
（小1～小6）
（文科省補助金）
生涯学習課
地域の学習施設「放課後遊び場ひろば」
※「アンビシャスひろば」
※（福岡県補助金）
健康福祉課
熟年を中核にした「有志指導者」を発掘／研修し、子どもの活動指導を依頼
（厚労省補助金）
熟年の元気
医療費／介護費の節減
教　務　課
安心と安全の活動場所のための学校開放
協働プロジェクト
民間の「実行委員会」と関連行政当局によるプロジェクトの編成
「豊津寺子屋」実行委員会
「豊津寺子屋」方式に総合化
対象を小1～小6に拡大し、「保育」と「教育」を同時に実現する。
子どもの元気
学童保育教育の確立
女性の安心
女性の元気
男女共同参画の条件整備
財政上の総合化は可能
主管課（企画調整課）
※二重枠は最終目標

2 「養育」の社会化

1 今、なぜ子どもの「居場所づくり」なのか？――行政による子育て支援の必然性

(1) 子ども自身を救わねばならない

子どもが目の前で井戸に落ちたとすれば、とりあえず「落ちた子どもを救わねばならない」。孟子が人間の性が「善」であると断じた根拠である。行政は人間の発明による善を目指すシステムである。子どもが危機に曝されているとすれば、当然、彼らを救わねばならない。文部科学省の「子どもの居場所づくり」事業の発想はそこから出発している。子どもの環境が激変し、事件も、事故も、問題行動も多発している。何よりも子ども自身の体力、忍耐力、基礎学力、道徳性、思いやり等「生きる力」の低下は明らかである。「居場所づくり」の政策は、今の子どもには「居場所」がないという、現状判断に基づいている。「生きる力」の低下の原因の一つは「居場所」がないからだという判断も

加わっているであろう。「居場所」がなければ、子どもの安全が心配である。保護者は安心して働くことはできない。「居場所」がなければ、当然、子ども集団は形成されない。子ども集団が形成されなければ、集団あそびも、共同生活の予行演習も十分にはできない。まずは、「居場所」を作って子ども自身を救わなければならないのである。

(2) 家族における養育・教育の機能の喪失

子どもの養育に関して家族の構造が著しく変化した。変化の第一は「核家族化」であろう。変化の第二は「女性の就労」である。核家族化は結果的に、育児の知識も、技術も前の世代から伝達されない。「かぎっ子」から始まった家庭の養育力の衰退は、保育所の拡大や「学童保育」の誕生に繋がったが、いずれも失われた養育力を補完するに至らず、家庭の養育力は衰えるにまかせた。家庭の子育てはますます危機的状況を深めたのである。家族は自らの養育機能の衰退を意識し、自覚し、危機を感じている。しかし、もはや家族の対応には限界がある。教科教育のような専門分野の「外部化」に疑問は持たなかった行政や家族も、養育の「外部化」には大いに抵抗があった。「養育」は歴史的に最も基本的な「私事」であったからである。それが親の「子育て責任論」である。「製造責任論」という人もいる。民法は子育ての「私事性」を「親権」という思想で保障している。

しかし、一方では、男女共同参画思想の普及と共に、女性の就労、女性の社会参画は増大の一途を辿っている。女性が外に出れば、従来の性役割分業は崩壊する。育児の分業の代わりに育児の「共業」に移行できれば、養育をここまで危機的な状況に追いこまずにすんだかも知れない。しかし、この三〇年、女性は変わっても、社会は変わらず、男の意識も態度もほとんど変わらなかった。子育ての「共業」は全く進まなかったのである。逆に、「子育て以上に大事なことがあるか!?」というのが「変わりたくない男」の決り文句であった。同じ意味のことは「性役割分業」を承認していた「専業主婦」も主張した。その思想は「女性よ、家庭に帰れ」のスローガンが代表している。

筆者を含めた研究者の多くも子どもの現状を心配して、家庭の「子育て責任」を唱えた。学校関係者も「家庭の子育て責任」を唱えた。それゆえ、男女平等は法律や建て前の文言にとどまり、男女共同参画は社会の「多数派」の意識をとらえるに至っていなかった。もちろん、文

■筋肉文化■

「筋肉文化」とは筆者の命名である。人類の歴史において、何万年もの間、人々の生存には、労働と戦争が最も重要であった。特に、道具や機械が自動化されるまで、労働も戦争も主として男の「筋肉」に頼らざるを得なかった。男女の生物学的な違いにおいて、子どもを「産めるか」、「産めないか」の違いに次いで大きな差は「筋力」即ち筋肉機能の違いであろう。男が力づくで女を陵辱できる事実を考慮すれば、「筋肉」は女性の意志をねじ伏せることができる。したがって、人によっては筋力の差を出産能力の差と同等あるいはそれ以上に論じることができる。

労働と戦争を主として筋肉に頼らざるを得なかった時代は圧倒的に男が優位を保った時代であった。それが「筋肉文化」であり、「男支配の文化」である。それゆえ、「筋肉文化」の出発点は軍事と農業であり、やがて、商業、工業、サービス業等々にまで拡散して、社会の文化となったのである。

明は急速に進化したが、「パワーステアリング」も、「自動化」も、男女の「筋肉」機能の相違を消滅させるまでには未だ至っていなかった。したがって、「筋肉文化」は揺るがず、「養育」の社会化はいまだ社会の認知するところではなかった。結果的に、制度的な子育て支援は遅々として進まなかった。もちろん、男が育児を担当することは皆無に近かった。当然「しわ寄せ」は子どもに集中した。「子育てが大切である」ことを認めながらも、「女性の就労」も「女性の社会参画」も同じように大切であることが認められ始めた。「どっちを取るのか?」と多くの女性が選択を迫られた。最終的に女性は「社会参画」を選択した。男支配の「筋肉文化」も渋々それを認めた。しかし、「筋肉文化」を変革することなく、「養育」の社会化のシステムを具体化せずに、子育てと女性の社会参画を両立することは不可能である。結果的に、女性の社会進出と平行して、家族は養育・教育の機能をますます失いつつある。経済的必要が女性の労働力を必要とし、社会的思想が女性の社会参画を促し、「変わりたくない男」が変わろうとしなかった時、多くの家庭は子育てを断念せざるを得なかった。その時、「少子化」は女性の決断である。「少子化」は必然であった。

(3) 少子化の脅威

男性が育児に協力しない（できない）現状では、女性の社会参画と健全な子育ては両立が難しい。かくして、こんどは「少子化」こそが社会の未来を脅かし始めたのである。「人口は今よりも少ない方が暮らしやすくていいのだ」などというノーテンキな論者もいるが、彼らは人口が少数安定に達するまで社会がどのような激震に曝されるかについては気が廻らない。「介護」を社会化し、老後の生活を社会が保障しようという制度を維持しようとする限り、「少子化」は明らかに国家の福祉制度を破壊する。多くの高齢者は路頭に放り出される。まして、団塊の世代が定年を迎えるこれからが高齢社会の問題が噴出する時期である。

家族は今やたくさんの子どもを育て切れない。女性を中心に「子育て」を負担と感じている現代の家族は複数の子どもを育てたいとも思っていない。それを決めるのは主として女性の意志である。総論的に言えば、「少子化」は男支配の文化とシステムへの女性からの「絶縁状」である。「少子化」を止めるためには女性の理解を得て、現状を変革するしか方法はない。女性を納得させる変革方策は二つある。

第一は「変わりたくない男」が男女共同参画文化を理解して自己変革を遂げることである。第二は、社会が養育の相当部分を引き受けることである。食や洗濯やもろもろの日常生活を外部化したように、養育の外部化が必要になったのである。核家族化が定着し、就労する女性が増加し、すでに現代の家族は子育て機能を衰退させてしまった。子どもの健全な発達のためにも、家庭外の安全な場所での子どもの集団のあそびや活動を社会が保障するシステムが必要になったのである。

(4)「外部化」の必然

家事の外部化は女性の社会進出がもたらした必然である。もちろん、それを可能にしたのは豊かな社会の分業の進化である。企業は、今になって「アウトソーシング（戦略的外部委託）」の重要性を言うようになったが、家族はその構成員の能力的制約に鑑みて、多くのことを「外部委託」せざるを得ない宿命にあった。近代家族においては「教育」がそのはしりであった。教科教育は家族の能力を越えている。かくして、学校教育はその道のプロに委託せざるを得なかったのである。最近では「介護」も同様の方向を辿っている。外部化が進む理由は、「委託」を可能にする財政能力と「委託」せざるを得ない家族の状況である。保護者の多くは〝共稼ぎ〟の労働形態に移行し、多くの家庭は「委託」の可能性と「委託」の必要性の両面で子どもの外部保育、社会の子育て支援を必要とするようになったのである。

(5) 養育の社会化の必然

〝共稼ぎ〟の家族にあっても、実際の家事や子育て負担は女性の肩にかかっている。男女共同参画を進め、女性の社会参画の条件を整えるためには、社会による養育の支援が不可欠である。

憲法の規定はもちろんのこと、個別の分野においても、男女雇用機会均等法が施行され、続いて男女共同参画社会基本法が制定されて、法的に男女は対等になった。しかし、法律は文化を律することはできない。伝統もしきたりも、法には従わない。したがって、法律で「男の生活態度」は変わらない。男支配の文化で育ってきた男達は、今でも優位にあり、居心地はよく、心情的には変わりたくはない。女性の育児負担、家事負担が変わらないのはそのためである。

一方、文明の恩恵によって自動化の技術が進化し、すでに男女の筋肉の違いによる能力差はほとんど存在しない。「男のできること」で「女にはできないこと」はほとんどない。文明の成果は、あらゆる労働と戦争において、男女の筋肉差をほとんど解消し、対等な貢献をもたらした。

結果的に、女性自身の希望もあって社会は法律によって女性の権利を再確認し、その社会参画を明確に支援している。当然、女性は従来の男支配の文化に異議を唱える。女性の意識も女性の生活態度も大きく変わってしまったのである。「変わってしまった女」と「変わりたくない男」が衝突するのは不可避であった。衝突の結果は、晩婚化であり、非婚化であり、少子化であり、熟年離婚である。将来的には「生き残る妻」の「衰える夫」に対する「介護拒否」さえ予想させる。死後の墓ですら「変わろうとしなかった夫」と一緒には入りたくない、と公言する女性も登場している。社会は「変わりたくない男」に変革を迫ると同時に、日常的な子育て支援の制度を整えることが必要であることを認知し始めた。この二つが平行して進まない限り、衝突の副作用はますます増大するだろう。様々な家族機能の外部化の中で「養育」は最後に残された領域である。外部化を促進するのは女性の社会参画である。「育児」の重要性、育児の幸福論はそれぞれに正しいが、同時に育児に要する時間とエネルギーと能力を考慮すれば、育児こそが女性の負担であり、女性の社会参画を阻害する最大要因である。「少子化」は「子育て」が女性の人生の阻害要因として働いた証明である。育児が女性の社会参画の阻害要因でなければ、「少子化」は起らなかったはずである。女性の社会参画を保障し、合せて「少子化」に歯止めをかけようとすれば、養育の社会化は不可欠の施策になる。

(6) 地域環境の構造変動

従来、地域において子どもの遊びや活動を支えてきた集団はすでに衰退し、あるいは衰退しつつある。環境も激変している。子どもが集団で安全に遊んだり、活動する条件はほとんど消滅している。「居場所」を確保し、活動を指導し、安全に目配りする指導者を発掘し、指導システムを制度化することが具体的な養育の支援策になったのである。子どもの生き生きとした活動は「居場所」を作っただけでは始まらない。それはすでに数十年にわたる「学童保育」の実践で学んだはずである。現行の子どもの「ひろばづくり」の施策も、「子どもの居場所づくり」の方策も、地域環境の構造変動を十分には理解していない。子どもの危機的状況も理解していない。居場所を作っただけでは健全な育成はできない。子ども集団も形成されない。地域環境の構造変動はなまやさしいものではないのである。「居場所」と「子ども集団」と「指導／活動プログラム」が総合的に機能して初めて子どもの発達に寄与する。行政の「縦割り」を排し、保育と教育を統合することが不可欠の課題になったのである。

(7) 教育と保育の統合

上記の理由を総合すれば、当面の目標は、「少子化」傾向に歯止めをかけることである。狭い国土では「少子化」もまた歓迎すべき現象だとする論は成り立たない。なぜなら、人口が縮小均衡を取り戻す間での福祉の負担や労働力構成のアンバランスなど社会の混乱は計り知れない。この間、生き残った高齢者を社会は支え切れないからである。もちろん、「少子化」を選択する女性の意識は「変わりたくない男」が変わらない限り変わることはない。そして、残念ながら、男の意識も、行動も当分は変わらない。その一方で、女性の社会参画はますます進む。それゆえ、現状で、せめて、家族が安心して子育てができるようにするためには、「養育」の社会化が行政の緊急任務である。乳幼児はもとより、学童期の子どもについても、放課後や休業中の養育のための社会的条件の整備が不可欠になるのである。特に、学童期は、従来の福祉の発想による保育は教育プログラムと統合されなければならない。子どもの安全と子どもの健全な発達が保障されなければ、家族は安心できない。特に、母は安心できない。「少子化」防止策は、まず保育と教育を統合する行政施策を要求しているのである。

2　今、子どもはどのような状況にあるか？

(1)「居場所」「遊び場」がない

子どもの「居場所」を行政が準備するということは、すでに子どもの周りに安全で、快適な「居場所」がないということである。理論上、子どもにとって最善の居場所は当然学校である。学校は子どものために設計されている。環境も子どものために整備されている。しかも学校は税金で建てられた公共の施設である。

それなのに学校は頑として地域にも、放課後や休業中の子どもにも施設を開くことはしない。当然、「養育」が社会的に不可欠な機能になったという認識もない。それゆえ、教育行政も学校の施設開放を強力に指導することはない。教育行政には、行政の縦割りの呪縛があり、「養育支援」の必要の認識がないからである。おそらくは、行政分業の論理に則って養育は「福祉」の担当であるといいたいのであろう。しかし、子どもの危機的状況を分析すれば、福祉と教育の統合は論理的必然である。子どもの居場所の確保には、学校の開放が必然である。原理的には、文部科学省が学校を生涯学習施設として認定するだけで解決する。活用の具体策は、学校の関係者に施設の地域開放を指示する通達一本で解決する。教育行政の現状はこの程度の整理ができないほど情けない認識のレベルである。

(2) 能動的、全身的、集団的運動・遊びをする時間が少ない

大方の研究報告を読めば、子どもの日常を構成している時間消費の主要因は、テレビと塾とゲームと学校である。子どものスケジュールの中に家族との同行はあまり出て来ない。友だちとの同行もあまり出て来ない。社会参加の機会もない。発達途上にあるにもかかわらず、全身運動も足りない、集団的遊びも少ない。現状ではそうした活動をする時間も、条件も少ないのである。それで子どもは大丈夫か、という社会の心配はもっともなのである。

心配の背景には子どもの生活の「受動性」があり、テレビやゲームの「擬似環境」がある。メディア環境に没入する時間が多くなれば、子ども達が自らの肉体や自然から遊離する危険が増すであろう。漠然たる危機感の淵源はそこにある。子どもの自主性、主体性、積極性、能動性が重要であるというのであれば、時間の消費が受動的になることは極めて危険である。自主性も主体性も積極性も能動性

も、すべて自主的、主体的、積極的、能動的活動を通してしか「体得」することができないからである。

同様に、己の肉体や感覚の向上も、自らの肉体、感覚を駆使して初めて可能になる。テレビやゲームの擬似環境に浸っていれば、汗も苦労も疲労も痛みもいたわりもやさしさも空腹も筋肉の躍動も、風の心地よさも知る由もない。これらはすべて心身の五感を通して体得する以外分かりようがないのである。まして、子どもが自然の実態に触れる機会が少なくなれば、子ども自身が「自然」ではなくなる。社会の実態に触れることが少なくなれば、子どもの「社会性」は発達しない。

自然的存在として生まれて来た子どもが自然から遠ざかり、子どもが自然の一部を構成しなくなる時、人間に何が起こるのか？　われわれは未だ知らない。ただし、人間の中の「自然力」とでも呼ぶべき、体力も生きる気力も肉体の感覚機能の多くも衰えるであろうことは疑いない。同じように、社会的動物として存在しながら、社会性を身に付けていない子どもは、社会で生きることがますます難しくなる。

能動的で、自然の実態と社会の現実に触れて成長した先輩「世代」と、その機会を失いつつある「不自然で、社会性欠如の世代」が大きく異なるであろうことは想像に難くない。少年の無気力も、彼らの労働の忌避も、集団への不適応も、逸脱行動や凶悪犯罪もどことなく「不自然世代・社会性欠如の世代」の成長の停滞を暗示していないか？

(3) 子ども集団は形成されていない

「居場所」がなければ、当然、子ども達は集まれない。集まって活動ができなければ、仲間はできない。「居場所」の不在は、子ども集団の不在を意味している。現代の地域環境、現状の生活環境では、集団の作り方は子どもに伝わってはいない。集団の遊び方も子どもには伝わっていない。だからこそ、居場所での活動メニューが重要なのである。仲間集団を育てる指導者が重要になるのである。

(4) 「生きる力」の衰退

居場所がなく、集団がなく、日々の生活が「受動的」であれば、多くの子どもは社会生活の「予行演習」を十分に行なうことはできない。思いきり身体を使う機会がなければ体力はつかない。難しい課題に挑戦しなければ、耐性は育たない。結果的に、「生きる力」の五大条件は十分に獲得できていない。五大条件とは「体力」「耐性」「道徳性」「基礎学力」「やさしさや思いやりの感受性」である。

3 子育て支援プログラムの目的

支援プログラムの目的は家族と子どもの現状への対応である。「居場所」がなければ、居場所を作る。活動がなければ活動を作る。指導者がいなければ指導者を住民の中から確保しなければならない。すでに地方自治体には日常的な子育て支援に専門家を配置する財政的余裕はない。社会教育も、福祉も公的な予算で指導者を養成・派遣する余裕はない。関係者はそうした状況の中での子育て支援を発想しなければならない。

(1) 安全で、安心な「居場所」の確保

最大の目的は子ども集団を形成できる「居場所」の確保である。子どもにとって安全で、保護者にとって安心な「居場所」の確保である。それは「学校」に外ならない。学校は子どもが毎日通い慣れている。毎日使っている。子どものために設計された施設である。子どものために準備された環境である。放課後や休業中に子どもが学校施設を利用することを拒否する校長や職員会議は子育て支援事業の「敵」である。育児と仕事を両立させようと日夜奮闘している女性の「敵」である。関係者は自覚していないであろうが、理念的には、男女共同参画思想の「敵」である。

ほんの僅かな工夫をすれば学校に迷惑をかけない施設利用は難しいことではない。校長が管理責任に耐え得ない、というのであれば、管理権を教育行政に移管すればいい。子育て支援には「空き教室」だけを活用するのではない。使用中の施設でも工夫をして「共用」するのである。子育て支援が重要であるというのであれば、教育行政は自らに問わなければならない。校長の管理責任が大事なのか、それとも子どもの安全や向上が大事なのか？　施設を開放する対象は同じ学校の子どもである。

学校は放課後や休暇中の児童の安全や活動のあり方を評価し、その答えを公表すべきである。それでも、あくまでも施設の管理や学校の授業だけが大事であるという学校は「チャータースクール」方

式によって民間に移管すればいいのである。

しかし、教育行政もまた学校の施設開放の指導ができないほどに事態の重要性の認識が薄い。教育は「養育」を門外のこととして消極的にしか捉えていないのである。

(2) 居場所は必要条件、活動プログラムを加えて十分条件

学校の開放が行なわれたにせよ、公民館の居場所を確保したにせよ、居場所があるだけでは最低の必要条件が整ったに過ぎない。豊かな活動メニューがあって初めて十分条件が整う。従来の子育て支援には、学童保育にも、子どもひろばにも、遊びや教育のプログラムが稀薄であった。これからの子育て支援はプログラムが鍵である。子どものための放課後、及び休暇中の健全育成プログラムを提供するシステムが整った時、初めて必要にして十分な「子育て支援」と呼ぶべきであろう。学校外の活動目的もまた子どもの「生きる力」の形成であることは論を俟たない。

(3) 内容の多様性、方法の弾力性

活動の内容は多様であることが望ましい。子どもはそれぞれに個性的である。興味や関心も異なる。子育て支援の方法も弾力的でなければならない。家族は様々な課題に当面している。保護者も多様な状況にある。子育て支援の中身も多様でなければならないのはそのためである。しかし、行政には人的にも財政的にも、大規模支援の力量はすでにない。本気で上記の条件を満たした支援事業をやろう

とすれば、住民ボランティアの力を借りなければならない。しかし、日本文化にとってボランティア思想が外来のものであることは明らかである。日本社会はいま子育て支援においてボランティアの定着実験を始めようとしているのである。

(4) ボランティアの実験

地方の行政には子育て支援事業を組織して、活動を作り出す財政基盤はない。もはや有料の専門的指導者は確保できない。したがって、少年の活動指導は住民の有志に腕を借りるしかない。それは教育におけるボランティアの実験である。これまでの生涯学習ボランティア育成策はことごとく失敗している。失敗の第一の理由は、ボランティアを「ただ」で活用しようとしたことである。理由の第二は、「学んでから、実践へ」という発想である。通常、学習は実践の意欲は生み出さない。学習者は課題にぶつからないからである。全国の「高齢者大学」や「老人学級」がその轍を踏んだ。多額の公金を投入したにもかかわらず、これらの学級生の社会還元活動は常に微々たるものであった。社会教育は未だにその失敗を正すことに成功してはいない。

反対に、実践からスタートした者は実践的学習の意欲が高い。実践者は必ず解決すべき課題にぶつかるからである。しかし、「学習」が「実践」に繋がると錯覚している社会教育行政は、市民の実践を組織することに反応が鈍い。国の政策も本末が転倒している。ボランティアの「費用弁償制度」も整えず、「表彰制度」も発想せず、子育て支援の場所の確保すらできないのに、「座学」で理屈だけのボランティアの養成講座を続けている。口先だけで理論と実践の間の深い溝を埋めることなどできるはずはないのである。社会教育は「畳の上の水練」を説いて久しいのである。

人々の社会参加を促進する上で社会教育の無力に気がついた自治体は、ボランティア支援の方法を「学習の組織化」から「実践の組織化」へ変革すべきである。しかし、「お上」の風土を受け継いだこの国は中央が変わらねば地方も変わらない。地方自治体もまた独自の発想に乏しく、国に劣らず鈍いのである。

結果的に子育て支援の停滞は続いている。ボランティアの発掘・活用の停滞も続いている。ボランティア活動を支援する法律が必要であるが、そのためには行政が日本社会におけるボランティアの重要性と異質性を認識する理論的分析が必要である。官民「協働」の理論はスローガンだけが一人歩きをしているが、ボランティアを発掘できなければ、実質的な市民との「協働」にはほど遠い。ボランティアが外来の思想である限り、簡単に異なった文化の土壌に移植はできない。実験は当分続くことになる。

(5) 育児束縛からの解放

女性を育児から「解放する」と書けば世間の顰蹙を買うであろう。育児は私事であるが、人間の崇高な営みだからである。普通、「崇高な営み」から「解放する」とは言わない。ましてや、「育児の束縛」とは何たることを言うか、ということになる。しかし、崇高な営みであっても、事実、束縛は束縛である。育児はその担当者に膨大な時間とエネルギーと能力を要求する。「崇高なもの」はふつう人間を「束縛」はしない、と考えがちであるが、それなら男が育児をしてみたらいい。男支配の歴史的な性役割分業の中で、女性に割り当てた「崇高な育児」がいかに大変なものであるか、大部分の男は経験したことはない。

人々の反発を買うとしても、子育て支援プログラムの創設は女性を「育児の束縛」から解放することなのである。女性を解放するのは、女性の社会参画の機会を拡充するためである。養育は原理的に「私事」として残るであろうが、にもかかわらず、社会が養育を引き受けなければならない理由は、女性を育児から解放しなければ、男女共同参画が実現できないからである。最終目的はそこにある。子どもの活動プログラムに気を使うのは、子どもの安全を確保し、子どもの発達を保障し、女性が安心して「解放」される条件を創るためである。

(6) 交流の創造

子育て支援事業は活動を通して、子どもを支援し、保護者を支援する。結果的に、子どもの指導によって生まれる「子縁」を契機として地域の連帯を促進する。まして、指導者がボランティアであれば、「子どもがお世話になりましてありがとうございます」というのが日本文化の挨拶である。このような挨拶を契機として、出会うことのなかった人々が出会う。助け合うことのなかった人々が助け合う。生涯学習は「志の縁」を生み、「学習」の縁を育て、「趣味・同好」の縁を広げるが、なかでも最も効果的かつ重要になるのが「子縁」である。子育て支援こそが生涯学習活動の中で最も切実な現代的課題だからである。

(7) 幼老共生と予防の福祉

ボランティアの指導を通して最も向上するのは指導者自身である。最も活力を得るのも指導者自身である。活動は身体を使い、頭を使い、気も使う。人間の感覚体を総動員して指導に駆使する。結果として、感覚体の働きを発展・存続させることができる。それゆえ、感覚体の機能が衰え始めた熟年の世代をボランティア指導者として招聘することができれば、熟年世代にこそ最も益するところが大きい。熟年の世代の活力や能力を組織化して、幼い世代に活用できるのであれば、幼と老が共生できることになる。高齢社会の財政的負担を軽減し、熟年の介護を予防し、合わせて幼少年の子育て支援が可能になる。かくして、幼老共生の実践は予防の福祉に繋がる。多くの育児担当者が心身の負担から救われる。複合的な課題を一挙に解決するところに福祉と教育を統合する真の目的が存在する。

現状では、まず第一に、日本社会にボランティア活動の支援システムを新しい視点で構築しなければならない。必要であれば、ボランティア振興のための法律も制定しなければならない。「養育」の社会化は男女共同参画の理念を支援する社会システムの総仕上げである。しかし、そのためには行政の現状を変革しなければならない。児童福祉と児童教育の縦割りも変革しなければならない。学校の管理者を強力に指導し、学校施設の位置付けも変えなければならない。予算の付け方も変更し、ボランティア「ただ」論も捨てなければならない。子育て支援を促進する行政改革の視点こそが最も重要な鍵を握っている。

4　受益者負担——参加費の徴収

子育て支援プログラムには、当然、参加の義務はない。養育の社会化は子育て支援の制度を整備するにとどまる。「養育」を社会化する時代が来ても、子育ての出発点は「私事」である。「教育」制度も、「介護」制度も私事の社会化の結果である。しかし、「養育」を社会化すれば、制度に公的資金を投入しなければならない。他方、あくまでも「子育て」を私事として理解する家族は独自の子育てを行ない、制度の恩恵は受けない。同じ税負担をしながら、制度の恩恵を受けない人が明らかに存在するならば、利益を受ける側から何がしかの参加費を徴収するのは当然である。義務教育費を社会が負担するのは、国家が基礎教育を義務付けた結果である。「介護」制度の経費の一部を本人が負担するのは、国家が介護を義務付けたわけではないからである。「養育」もまた「介護」と同じである。受益者負担の原則は守らなければならない。学童保育が長く低迷した重要な原因は、保育を必要とする家族が行政に保育の負担を全面依存しようとしたところが大きい。「私事」の子育てを税金の負担で全てやれというのは、言う方に無理がある。「学童保育」を選択しない人々への税の公平な還元を全く考慮していないからである。「学童保育ただ論」は、特定の政治イデオロギーがそれを支持したことで実施上の考え方の対立はますます深くなった。子育てが私事である現実を知りながら、議会は特定の家族への子育て支援を社会が負担することに同意できるはずはなかった。「学童保育」がイデオロギー対立を引きずってきたのはそのためである。

もちろん、受益者負担の原則を掲げても、「生活保護世帯」のように社会がその状況を認定し、家庭が参加費の負担に耐え得ない場合には行政が別途考慮することは当然である。そのことは教育についても、介護についても変わらない。

5　指導の原点——学校は反面教師

学校外の子育て支援は学校との分業である。子育て支援は、内容も方法も、基本は学校のやらないことをすることが原則になる。その意味で学校は学校外プログラムの「反面教師」である。

(1)　体験と「体得」の重視

学校は「学習」を重視する。教科教育の大部分は「脳味噌」を使う。それが学習である。学習が司るのは、「知識」であり、「関係」であり、「概念」である。これに対して学校外の指導の原点は体得である。体得は体験を通した学び方である。学習と異なり、体得は心身の五感（六感）を総動員して学ぶ。学習が「理解する」のに対して、体得は「身に滲みる」のであり、「腑に落ちる」のであり、

「身に付く」のである。体得は教科書や講義では効果は上がらない。学ぶ方法は常に人間の実践に関わる。例えば、「やってみせる」「一緒にやる」「やらせてみる」「繰り返す」などの方法である。

(2) 現場実践と集団活動を重視する

学習が「座学」を中心とした個人の知的な努力を主とするのに対して、体得の多くは「協力」と「共同」、「役割分担」と「責任の遂行」等の現場実践に深く関わっている。多くの現場実践は集団活動の中で行なわれる。「生きる力」の構成要素のうちでも、「学力」を除くすべての要素は体得の対象である。「体力」がその代表である。体力は教室では学べない。教科書は役に立たない。実践を伴わない説教や講義は通常「畳の上の水練」と言われる。「忍耐力」も同じである。道徳性も同じである。「思いやり」や「やさしさ」を教科書で教えている限り子どもは頭でっかちの口ばかりになる。結果的に、体得の対象は実質的に社会生活の予行演習である。体験が重要なのはそのためである。体験を通して学ぶことは「学習」ではなく、「体得」である。体得は体験によってしか生まれないことを認識することが重要である。体得こそが社会生活の予行演習の大部分を形成するからである。

(3) 「集団の運動・遊び」を重視する

学校は教科教育を重視する。それが学校の使命だからである。しかし、教科教育だけで子どもは「一人前」にはならない。現代の学校はそのことを十分には理解していない。それゆえ、学校の機能を過信しがちである。子育て支援プログラムは学校を反面教師とする。子育て支援プログラムにおいては、学校が通常することはしない方が正しい。教科書は使わない。座学は重視しない。「脳味噌」より「手足、内臓、感覚」を重視する。説教も指示もできるだけ控えて、禁止事項は最小限にとどめる。言葉による指導はできるだけ少なくして、活動は師弟同行の原則を掲げて子どもと一緒にやる。学校には「友だち先生」が溢れているが、子育て支援ではけじめを付けて指導者を尊敬させる。子どもにとっては体験の指導が鍵だからである。なかでも集団体験が重要である。集団体験こそが社会生活の予行演習だからである。個々人の活動や努力以上に、集団の活動や集団への適応を重視する。「体力」と「耐性」の養成には「集団の運動・遊び」が鍵である。何より体力と耐性は「生きる力」の土台だからである。運動・あそびの中に子どもの「未来体力」「未来耐性」を育む要素がある。

⑷ 他律と自律のバランスをとる

学校は二言目には子どもの主体性という。しかし、子育て支援では、子どもの「自律」よりは「他律」が先である。「半人前」の「主体性」は半分だけ認めればいいのである。実際の指導場面では、子どもの主体性は「他律の枠」の中でのみ認めればいい。専門家以外が子どもを預かる以上、「安全の確保」が先であり、「規律」の遵守が先である。体得には危険が伴い、困難が伴う。体得の効果を上げるためには、プログラムの「負荷」が不可欠である。それゆえ、活動には子どもに歓迎されない中身も方法も含めなければならない。「主体性」という名の「わがまま」や「勝手」に振り回されれば活動プログラムは成立しない。「体力」と「耐性」を鍛えるためには、プログラムの「枠」を確立し、子どもを従わせなければならない。「やりたいことでもやらせてはならない」。「やりたくなくても応援してやらせる」ようにしなければ、「体力」も「耐性」も鍛えることはできない。「体力」と「耐性」が出来れば、集中力と持続力が育ち、あらゆるトレーニングが可能になる。これらの条件が整い、子ども達が活動に集中し始めたら、「君はどうすれば良いと思う?」と聞いてやることで「自律」が始まる。指導は常に他律と自律、厳しさとやさしさの上手な組み合わせが秘訣である。

(5) 「鬼の役」を決める

現在の学校は重大なルール違反者であっても、尻一つ叩くことができない。法治国家である限り法律は遵守しなければならないが、違反者の処罰が適切にできない組織に教育はできない。内閣法制局の解釈によれば、立たせることも、正座させることも「体罰」である。あらゆる体罰を禁止した学校教育法第一一条を改正しない限り、重大なルール違反者を立たせても、正座させても、尻一つ叩いても必ずどこかから抗議はくる。法律が禁じている以上、こうした方法で子どもを処罰した者は逆に処罰される。法に照らせば、体罰教師に弁明の余地はない。

しかし、子どもが学校の規範を尊重しないのは、ルール違反を放置したまま、教育担当者が有効な処罰ができないからである。子どもが教師を「なめる」のも違反者を処罰できないシステムに最大の原因がある。

子育て支援プログラムが学校と同じ状況を子どもに許したら、あらゆる活動に収拾不能な混乱が起る。この点でも、学校は反面教師である。混乱とわがままを制御するためには、「他律」の枠を設定し、子どもが「規律」に服従するためには、組織には秩序を守る「鬼」がいることを子どもに実感させなければならない。「鬼」の役割は物理的にでも規範を遵守させることである。「鬼」が明確に存在すれば、一つ一つの行為を具体的に、叱らなくても子どもはルールに従う。事故を防ぐためにも、活動の集中力を高めるためにも、ルールを守り、規範に従わせるためにも「鬼」の存在は不可欠である。「鬼」は他の指導者の「畏怖」と「尊敬」から生まれる。「鬼」以外の指導者は「鬼」から子どもを「守る役割」を分担する。「鬼の役」と「守る役」を分担して、有志指導者が「役割演技」を継続できるか否かが活動の成否を決定する。

(6) プログラムの目的は「欠損体験」の教育的補完である

少年の現状は「欠損体験」の複合的結果である。環境の変化、教育対応の貧困は、少年が人生で必要とする核体験を十分に提供できていない。結果的に、少年の自然接触体験は欠損している。自発的な遊びや運動の体験も欠損している。役割を分担し、責任を全うする社会参加体験も足りない。何よりも、辛く、難しい課題に挑戦する困難体験が欠損している。年齢の異なる少年が共通の活動を遂行する異年齢集団の活動体験も少ない。これらは社会生活の予行演習が不足していることを意味する。

子育て支援の活動プログラムは欠損体験の教育的補完が目的である。

第2部

少年教育の原点

3 子育てのさじ加減

1　子育てのさじ加減

子育ては保護に始まる。親が「保護者」と呼ばれるのはそのためである。しかし、子育ての目的地は「保護を必要としない状態」である。それを「一人前」と呼び、「自立」と名付ける。それゆえ、自立のためには、子育てプロセスのどこかで保護を抑制しなければならない。「保護」が抑制できない時、子どもは「自立」には到達しない。

子ども達に様々な問題が生じるのは二つの原因がある。一つは、子どもが保護を必要としているのに保護を与えない時である。他の一つは、保護ばかりして、自立のトレーニングが不足した時である。児童虐待とは、前者の極端なケースである。過保護・過干渉とは後者の極端なケースである。虐待事件が世間を賑わすようになった現在でも、日本の「子宝の風土」において、保護が不足する事態は基本的に稀である。センセーショナルな虐待報道は「子宝の風土」の人々の怒りの感情を象徴している。なぜなら、「子宝の風土」とは、国民の基本感情において、子どもが一番大切であり、子どもは「宝」であり、生活の中心だからである。宝を大切にし、宝を守るのは「子宝の風土」の自然である。それゆえ、「虐待」は風土への反逆であり、言語道断の振る舞いである。虐待報道がセンセーショナルになるのはそのためである。逆に、過保護が原因で起こる発達上の諸問題はほとんど報道の対象にすらならない。

問題の発生量の視点に立てば、「子宝の風土」の問題の核心は保護の過剰であって、虐待などに見られる保護の欠落ではない。世間で虐待事象が際立つのは、世間が是認している保護の過剰の裏返しである。虐待は、当然危険であるが、それに劣らず、保護の過剰もまた危険である。あらゆる「過剰」、あらゆる「不足」は子育てに不可欠なバランスを崩壊させる。バランスとは子育てにおける保護と自立のさじ加減を意味する。

関係者が子どもの保護に走るのは、子どもの身に予想される事故を恐れ、怪我を恐れ、失敗を恐れ、挫折を恐れるからである。しかし、心配のあまり何もさせなければ、そこから体験の欠損が生じる。子どもの体験不足は、主として、保護の過剰が原因である。教育の原理は単純にして、明快である。子どもはやったことのないことはできない。教えていないことは分からない。練習が足りなければ、上手にはできない。がまんしなければ、がまんできるようにはならない。責任も役割も分担したことがなければ、責任感は育てられない。したがって、現代日本の少年が当面する危機の大部分は保護の過剰、体験の欠損によって生じたものである。学級崩壊も、不登校も、非行も、引き籠もりも、積極性の欠如も、ルールを守らないことも、もともとの原因の大部分は学校や社会にはない。本人の弱さにある。本人の弱さの基本原因は、家庭教育にある。子育てのプロセスにおいて、子どもは守られ過ぎている。家庭は子どもに人生の困難を克服するだけの鍛え方をしていない。しかし、家庭を責めても、今や、問題は解決しない。すでに「子宝の風土」の家庭には、一般的傾向として、子どもの鍛錬能力は極めて稀薄であるか、あるいは全く存在していない。まして、戦後の教育実践の中で、父性が子育てから遠ざかってしまったあとは、母性による「保護」機能だけが残って、家庭における「自立のトレーニング」機能はほぼ消滅している。

かくして、もともとの原因は家庭にあるが、それが分かっているのに対応しなかった責任の大部分は学校にあり、一部分は地域社会にある。なぜなら、「子宝の風土」において、家庭が保護に傾くことは必然的傾向であり、分かっていることである。それゆえ、子どもを弱くする原因は疑いなく家庭にあるが、家庭の弱点を補って子どもの弱さを克服する責任は、昔から「守役」にある。「守役」とは子どもを一人前に鍛える第三者の総称である。「乳母」も「めのと」も「ご養育係」も「ご指南番」も、寺子屋の師匠も、「子ども宿」の指導者も、その総称は「守役」である。したがって、近代学校教育制度が確立して以来、世間の「守役」は主として学校が担ってきた。一部分は「子ども会」のような地域の子ども指導集団が担ってきた。家庭ができないことは、学校や地域社会が補えばいいのである。しかし、戦後日本の教育は学校までが欧米流の「児童中心主義」を信奉して、社会の養育感情・教育論を保護の思想がほぼ全面的に支配するようになった。結果的に、日本社会は過保護の抑止力を失ったのである。そこに少年の危機の根本原因がある。

2 危機の原因

少年の「生きる力」が低下している、とみんなが言う。言われてみると心当たりは随所にある。大人の実感として、多くの少年がひ弱で、「一人前」には程遠い。引き籠りや不登校や非行のことは言うまでもない。がんばりも礼儀も規範意識も責任感も協力の態度もやさしさも足りないという。それが少年の危機である。日本社会の少年の危機は、子育てや青少年育成の努力が不足しているという問題ではない。努力は十分である。子どもの成長・発達についての関心も高い。成果は別として、家庭も、学校も、世間も、教育問題に関心が高く、十分努力している。

関心があり、努力もしているのに、成果が上がらないのは、理論と方法が間違っているからである。方法の誤りには複数の原因がある。その一つは子育ての風土の副作用である。他の一つは、副作用を是正する学校と社会が十分に機能していないからである。換言すれば、日本の家庭には、文化風土に照らした子育ての考え方に過保護の偏りがある。また、学校には、欧米流の「児童中心主義」を信奉した過保護の偏りがある。危機の真の原因は、戦後社会の子育て及び教育の原理が間違っているということである。大本の考え方が間違っているゆえに、子育ての態度も、教育の方法論も間違ってしまうのである。子育てには「子どもの視点」も「社会の視点」も必要である。日本社会の子育てには、「子どもの視点」だけが強調されて、「社会の視点」が欠如している。

それゆえ、子どもを守っているつもりが、単なる過保護に過ぎず、子どもの主体性を尊重しているつもりが、「わがまま」と「勝手」を放任することになるのである。かくして、成長のための応援は、過剰な干渉となり、「子どもの人権の保護」は子どもの指導を腫れ物にさわるような行為にしてしまう。非行少年、不良少年の人権の過剰な保護は、普通に頑張っている子どもや大人の人権をはなはだしく侵害する結果になるのは論理的な必然なのである。教師も、行政も暴れまくる少年に手も足もでない。多くの批判者は現場の状況を知らず、荒れた少年達に接したこともない。鍛錬は「封建的」だと非難され、時に虐待とまで批判される。

考える親や、すぐれた生徒がどんどん私立学校を選択するようになっているのに、公立学校は選択されない原因を追求することもなく、改革の実践も一向に進まない。義務教育を選択制にして、スクールバスを制度化すれば、多くの子どもが直ちに「よりよい」学校に替わりたいということであろう。学級定員の少人数化にお金をかけるのと、学校選択制の実現にお金をかけるのとどちらが良い結果を生むかは、十分に研究・検討する必要がある。ともかく多くの公立学校は残念ながら本来の「一人前」を育成する機能を果たしてはいない。教育理論の検討も、努力も不足している。

3　少年問題の「混同」と「混迷」

(1)「あるべきもの」は「ないもの」である

「公害対策基本法」は公害の存在を前提としている。交通事故撲滅の運動は交通事故を前提とし、その多発を防ぎたいという願いを反映している。「シルバー・シート」を始め、「お年寄りに席を譲りましょう」というスローガンは、「年寄りに席を譲ることの少ない」現状を前提としている。「差別をなくそう」という横断幕は差別の存在を明示している。

この世の「思想」と「現実」の関係は、「あるべきこと」は「ないもの」であり、「あるべきでないもの」は「あるもの」である。人間の世界では、通常「理想」と「現実」は背反している。現実がそうでないから、現実是正の理想が生まれる。現実と反対の結果を夢見るのは人間の自然である。しかし、スローガンに惑わされて、時に「思想」と「現実」の関係を忘れると具体的問題の対応に重大な齟齬を生じる。例えば「ふれあい」論の流行である。

(2)「ふれあい」論の背景

今や「ふれあい」は少年問題の魔法の合い言葉のごとき感がある。「ふれあい」の重要性、「ふれあい」の過不足が論じられない少年問題はないと言っても過言ではあるまい。「ふれあい」の「不足」は少年問題の「原因」であるとみんなが言う。ふれあっていれば「子どものサインを見落とすことはない」とも言う。それゆえ「ふれあい」は、少年問題解決の「特効薬」として論じられる。「ふれあい」論の背景は、「子宝の風土」の情緒的な幻想と、欧米流の「スキンシップ」理論がまぜ合わさったものである。心理学によれば、子どもは母を主とした保護者の「愛」を実感できないと生きることができない。子どもが保護者の愛情を実感するプロセスが「ふれあい」や「スキンシップ」に代表される両者の心身の交流である。託児のプロセスにおける身体的「ふれあい」の欠如によって多くの子どもが死亡したことさえある。それは「母性はく奪」(Maternal Deprivation)と呼ばれた。託児施設にちなんで「施設病」(ホスピタリズム)とも呼ばれ、かつて欧米の社会では一大事件であった。カタカナの表記が象徴しているように、「スキンシップ」の理論は西洋の子育て体験の現実から生まれた心理療法の発想である。「ふれあい」とは最近になって「子宝の風土」が発明した「スキンシップ」の訳語である。

「スキンシップ」理論は、「スキンシップ」の不足しがちな風土から生まれている。「あるべきもの」は「ないもの」であるという原則に照らせば当然のことである。ヨーロッパは言うに及ばず、アメリカも、日本との対比において「子どもが主役」の風土ではない。大人が中心の風土である。ベビーシッターに子守りを託して、気兼ねなく御夫婦が外出できるのは、大人中心の風土だからである。日本のように「子宝」の風土では、気が咎めて映画もパーティーも「心ここにあらず」ということになる。子どもを放置して「パチンコ」に興じていたというようなことが、「非難」をこめて大々的に報道されるが、どこにでも例外はある。たまたま「魔がさした」ということもある。しかし、報道の大きさは「とんでもない親」に対する「世間」の叱責と自戒である。子どもが中心であるべき「子宝」の風土では許されないことだからである。

あくまでも相対的な意味であるが、大人中心の風土では子どもの地位は低い。子どもとの「ふれあい」も不足しがちになる。「スキンシップ」はその現実を補完する理論であることは言うまでもない。

(3)「児童中心主義」の日本的誤解

西洋の教育史は、欧米諸国が辿った教育や子育ての理論を「児童中心主義」思想と総括している。子どもが「主役」でない社会の教育者たちが「子どもを中心に考えよう」と主張するのは当然である。「学ぶ」のは子ども自身であり、「生きる」のも子ども自身である。「児童が中心でない」から「児童が中心であるべき」というのは、人間のバランス感覚の結果である。

戦後日本社会がアメリカ占領軍の指導もあり、欧米社会の教育論に「範」を求めたことはやむを得なかったかも知れない。しかし、寺子屋以来の日本の発想をすべて「児童中心主義」に切り替えたのはなんとも早まった措置であった。われわれ教育関係者が大学や社会教育で学んだ理屈は、九九％まで欧米の教育思想である。

われわれ教育関係者が戦後に読んできた書物は主として西洋の理論である。ルソーもフレーベルもペスタロッチもエレン・ケイもデューイも哲学の基本は「児童中心主義」である。かくして日本の教育関係者も「児童中心主義」思想に染まっていく。

(4) 「七歳までは神のうち」

多少変化したとは言え、日本の子育ては「おんぶ」に「だっこ」に「そい寝」に「そい乳」である。親子「川の字」になって寝るとも言う。巧まずして「スキンシップ」と「ふれあい」に満ちているのである。子どもは一番大事であり、子どもは「宝」であり、子どもはいつも生活の中心にいる。「まされる宝子にしかめやも」と万葉の時代から歌いつがれている。この国では子どもは「最高位」に位置している。「泣く子と地頭には勝てぬ」のである。「七歳までは神のうち」である。「遊びをせんとや生まれけむ」とも言う。子どものイメージは「いとけなきもの」「がんぜなきもの」である。「お子さま」と「お」を付けて、「様」を付けて世間は呼ぶ。「お子さまランチ」は旗立てて出てくる。日本の文化風土における子どもの「特別待遇」は明白である。このような子ども観のもとでは、子どもの悪も、少年の凶悪犯罪も、ほとんど全く想定されてはいない。

「子宝」の風土は原理的に徹底した「児童中心主義」なのである。「子宝の風土」と「児童中心主義」の結合は、屋上屋を重ねたことを意味する。戦後の教育改革は、子どもの位置付けという点で著しい失敗を犯したのである。実質的に「子どもが中心」の風土に、「児童中心主義」思想を導入するということは糖尿病患者に「糖」を注入するようなものであったと言ったらいささか言い過ぎであろうか。

(5) 「甘やかし」のいましめ

「子どもが主役」の風土は子どもに甘い。子は「宝」だと感じている親は、子どもを守ることに自己犠牲すら厭わない。それゆえ、親は「奉仕」と「献身」をもって子育ての基本姿勢とする。しかし、大事にするだけでは、「わがまま」で「勝手」で「軟弱」な子どもが育つのは目に見えている。それゆえ、寺子屋以来、「かわいい子には旅」と言ってきた。これは「甘やかし」の戒めであり、「鍛錬」のすすめである。「つらさに耐えて丈夫に育てよ」「子どもの走る山道の小石まで拾うな」「世間の風にあてよ」「他人の飯を食わせよ」「若い時の苦労は買ってでもさせよ」などは、日本人が忘れ果てた先人の「遺訓」である。「質実剛健」とか「自立自彊」とかは伝統校といわれる高校の「校訓」等にわずかに残っている鍛錬の思想の痕跡である。

子どもに甘い風土は、「現実」であり、子どもを「鍛える思想」は「あるべきこと」であった。「子宝」の風土は「鍛錬の思想」を生み出さなければならなかったのである。子育てには「三分の飢えと三分の寒さが肝要」とは貝原益軒の卓見である。子どもは多少の「寒さ」と「飢え」にさらせ、ということを言葉通りに理解すれば、「虐待のすすめ」にもなりかねないが、当然、先人は「子宝の風土」の過保護と甘やかしを前提としている。保護と鍛錬のバランスを見失うと、保護は過保護となり、全ての「ふれあい」が「甘いふれあい」だけになるのは必然である。この何十年か、「ぜんざいふれあい」や「餅搗きふれあい」ばかりが全国に満ちあふれて、文字通り「あまい」。先人の「遺訓」は鍛錬の中の「ふれあい」を暗示している。

(6) 少年教育の混同と混迷

「ふれあい」は大切だが、「ふれあいの質」のバランスはさらに大切である。やさしい「ふれあい」はもちろん必要だが、鍛錬の過程における厳しい「ふれあい」も大切である。鍛錬の厳しさの中に位置付けられたやさしい「ふれあい」であれば、子どもの心を揺する効果も抜群であろう。教育の原理は「薬」の原理と同一である。必要であっても飲み過ぎると副作用が生じる。飲み足りなければ効き目は薄い。要は「さじかげん」である。「少年の基準」は体力でも耐性でも学力でも社会規範の習得でも、既にそのバランスを失い、妥当性を欠いたものが多い。「ふれあい」は方法上の原理であるが、ここでもバランスは失われている。「どこかおかしい」と思っている人も多いはずだが、「子宝」の風土と結びついた「児童中心主義」思想は今や強大な力を持つにいたった。いやがる子どもに厳しい指導をすると「虐待」と言われかねない。既に子どもはこのことを知っている。やりたくない、と言えばやらなくて済み、いやだ、と言えばそれが通ることを知っている。かくして大人は誰も叱れない。誰も子どもの「意」に逆らってまで鍛えようとしない。子どもの「権利条約」も子どもの人権思想も、子どもが中心であるべきという原理を信奉した「子宝」の風土の人々の「耳」に極めて快い。子どもの「権利条約」は、子どもの権利を十分に認めて来なかった文化風土から生まれて来たものである。子どもの人権思想も、子どもの人権を十分に認めて来なかった社会が生み出したものである。しかし、「子宝の風土」はそのことに気がつかない。結果的に、教育界においても、「そこのけそこのけお子さまが通る」のである。

子どもが突然つまずくのは、その大部分が人生の「困難」に対する抵抗力が低いからである。身体の抵抗力の落ちた子どもが風邪を引きやすいのと同じである。子どもの精神における抵抗力の不足を「耐性」の欠如と言う。「耐性」の欠如とは、人生が思い通りにいかない時、踏み止まって、持ちこたえる力が育っていないことを意味する。「耐性」が低いのは人生の準備段階での鍛錬が足りないからである。やさしさと厳しさのバランスの修正が困難なのは、研究者も教育者も関連行政も、そして結果として、一般国民も親も、「風土」と「思想」を混同しているからである。さらに社会が「混同」の事実に気づかない時、少年問題の混迷はますます深まるのである。現状を放置すれば、残念ながら、日本社会における「少年の危機」はますます加速化する。

4 教育の風土病と「欠損体験」

1 異常の日常化

学校の運動会や全校集会がだれているのは、とりもなおさず学校がだれているからである。だれた雰囲気の中で行なう活動は、その教育効果が期待できないばかりでなく、教育や指導の価値を否定する反教育的な風土を助長する。「通学合宿」も「教育キャンプ」も同じである。それゆえ、だらけた「合宿」や秩序のない「キャンプ」ならやらない方がましである。だらけた教育活動は効果がないだけではない。それは教育努力を軽視する感情を増幅し、学習を疎んずる雰囲気を生み出す。教育における「だらけ」は学習の雰囲気を破壊する点で何よりも有害である。

「だらけ」は放置すれば、日常化し、自己増殖する。それが教育の異常の始まりである。原理的には、家庭も学校も変わりはない。家庭の「異常」も、教室の「異常」も、放置すればいつの間にか「日常化」する。その「異常」を異常と感じなくなっていることが「異常」である。「だらけ」の日常化と「異常」の日常化。それが多発する青少年犯罪の温床である。「異常」の日常化に対する関係者の無気力と無力。この点にこそ現代教育の問題の核心が存在するのである。

2 「欠損体験」

筆者が「欠損体験」の概念を提出したのは、すでに二〇年も前のことである。体験の欠損こそが少年の力が育たない原因である。「欠損体験」の認識は、教育の現状を変革する出発点であり、体験の欠損を補完することは実践の混迷を解く鍵である。

少年は「一人前」の学習プロセスにおいてさまざまの重要な体験を通っていない。例えば、それは、基本的生活習慣の欠損であり、自然接触体験、異年齢集団体験、自発的活動体験、社会参加体験、困難体験の欠損である。これらの体験を通して社会生活に必要な資質を学ぶことがなければ、「半人前」は決して「一人前」にならない。親も社会もこれら体験の欠損の意味を見逃し、その教育的補完の重要性を見落としている。それゆえ、「欠損体験」を補完すべき指導もプログラムも欠如している。

3　発達上の欠陥は教育的欠陥

通学合宿も教育キャンプも「少年合宿」の目的は欠損した体験の教育的補完である。それは「子ども宿」や「子やらい」の文化を継承している。欠損体験の存在は、少年の「社会化」が不十分であり、「一人前」のプロセスが不完全であるということを意味している。「社会化」とは、子ども達に社会のメンバーとして相応しい資質や行動の仕方を教えていくプロセスである。それは子ども達の側から見れば、社会生活上の必要事項を学び、身に付けていくプロセスである。それは人生の実力の向上である。流行りの言葉を使えば「生きる力」の獲得と言ってもいい。

子ども達の弱さは目に余る。がまんの足りなさも情けない。それはとりもなおさず子どもの鍛錬が不足しているからである。子ども達は自己中心的で、わがままである。それは自己本位の考え方を許し、わがままを大目に見てきた養育・教育上の欠陥である。同じように、少年の責任感が薄く、積極性・やる気が乏しい。こうした症状は、三無主義とか四無主義と呼ばれてきた。こうした現象も、主体的な活動の機会を準備せず、その結果の責任を問わなかった教育の責任であることは言うまでもない。

報道によれば、不登校が一三万四千人に達し、校内暴力の発生率がこの一年で一〇%増加し、引き籠りも多い。これらの結果も教育上の内容と方法の欠陥以外の何ものでもない。こうした教育の異常は、本人及び家族の幸福を脅かし、社会の活力を低下させる。その数といい、その意味といい、国家社会の根幹を揺るがす重大問題である。まさに、発達上の欠陥は、教育上の欠陥がもたらした結果であり、今や教育秩序が十分に機能していない現状を示唆している。

4　学ぶ条件

教育の役割は学ぶ条件を整えることである。学ぶ条件とは、「知らないことを教えること」であり、「教わったことを実行してみること」である。教育の原則は極めて単純・明快である。子どもはやったことのないことはできない。教わっていないことは分らない。練習が足りなければ、上手にはできない。これだけのことである。

それゆえ、責任感を教えようとするなら、子ども達に責任ある仕事や課題を与えなければならない。それが社会参加体験であり、責任遂行体験である。同様に、協力の精神を教えようとすれば、子ども達が協力せざるを得ない状況をつくらなければならない。協力を評価し、非協力を叱責し、協力の意味を分からせるためである。それが協力体験である。もし、子ども達が学んでいないとすれば、それは各種の体験を含め、関係者が学ぶ条件をきちんと整えていないからである。

かくして、鍛錬体験の欠如は、体力の不足を意味し、困難体験の欠如は耐性の欠如を意味する。「体験」の「欠損」が教育的欠陥に直結するのはそのためである。

5　教育の「風土病」

人間の営みはすべてそれぞれの社会の文化の中で行なわれる。文化とはそれぞれの歴史が培った社会的風土のことである。それゆえ、子育てにも風土があり、教育にも風土がある。

すでに述べたように、日本の風土は「子宝」の風土である。日本文化において子どもは常に「宝」であった。「子宝」の風土では、子どもが宝物であり、子どもが一番大事である。したがって、教育学的に言えば、子宝の風土とは「児童中心主義」の子育てが行なわれる社会である。そこでは子どもが主役であり、大人の役割は宝物を大事に守り、育てることである。かくして日本の子育ては、子どもに対する親の「奉仕」と「献身」に帰着する。それゆえ、日本文化においては、子育ての放棄は許すことができない。子どもの虐待が世間の怒りを呼ぶのも同じ理由である。このことは「子宝」の風土が「慈しみの風土」であることを意味するが、同時に「甘やかし」の風土ともなりかねないことを意味している。「慈しみの風土」がその抑制を欠いた時、「わがまま」と「勝手」を増殖する風土病の原因となることも意味しているのである。「過保護」は日本文化における教育の「風土病」である。

6　「欠損体験」の原因

「欠損体験」発生の直接的原因は「過保護」と「放任」が同時に存在することである。「過保護」も

「放任」も「子宝」の風土に根ざした同根の文化的病理である。「宝物」を大切にするから、保護が「適量」を越えて過剰になり、「宝物」の言い分を聞き過ぎるから「子ども中心主義」が限度を越えて「勝手」と「わがまま」を増殖するのである。過保護と放任の同時存在は「子宝」の風土の風土病と呼んでいい。親の養育行動を観察してみれば、子育てにおける「保護」を構成する要素は、「世話」「指示」「授与」「受容」の四つであることが分かる。親と社会に依存しなければ生きられない子どもにとって保護は不可欠である。したがって、上記の四要素は不可欠である。親を「保護者」と呼ぶのも子育てにおいて、「保護」の機能がもっとも重要だからである。「世話」はいまだ自立していない子どもに代わって生活上の必要事項を保護者がやってやることである。「指示」はいまだ判断と決定の力が足りない子どもに代わって、保護者が判断し、決定し、助言を与えることである。「授与」は未だ生活の糧を稼ぐことのできない子どもに代わって保護者が生活の必需品を準備してやることである。最後の「受容」は子どもの欲求や言い分に耳傾けて受け入れてやることである。子どもの自主性や主体性を尊重するという論理は「受容」の原理を根拠としている。

しかしながら、不可欠な条件も過剰になれば副作用が出る。それは「くすり」のさじ加減を過った時となんら変わらない。それが教育における「さじ加減」であり、発達の諸条件の「適量の原則」である。[*]

＊三浦清一郎編著『現代教育の忘れもの』学文社、一九八七年、一四〜一五頁。

例えば、周りの人々が一〇〇%の世話を続ければ、子どもはいつまでたっても自立できない。かくして「世話」の過剰は、基本的生活習慣の欠損を招くのである。また、すべての行動に指示を続ければ、子どもは自分で決めようとはしなくなり、子どもの判断は停止してしまうことは明らかであろう。「指示」の過剰は、「自発的活動体験」を減少させ、「指示待ち人間」を量産したのである。さらに、過剰な「授与」は、保護者による物心の支援を当然のこととし、子どもに感謝の心を忘れさせ、物を大切にせず、結果として彼らの資源や環境に対する自己管理能力を失わせる。

そして、最後の「受容」こそは最大の問題である。子どもの欲求や主張を受け入れることが適切な限度を越えた時、それは「わがまま」と「勝手」の増殖システムと何ら変わりはない。「受容」はその節度を失った時、子どもの自主性や主体性は「放任」と変わらない。「受容」の過剰は、心理学的な大義を掲げた「過保護」と「放任」の同時存在を意味するのである。

■欠損体験■

子どもの成長には様々な体験が不可欠である。発達過程における体験の欠損は子どもの「体得」の貧しさに直結している。責任感も、協力の態度も、危険の回避も、その他の重要な社会規範も子どもは自らの実体験を通して体得するものだからである。それゆえ、自然を知らずに育った子ども、異年齢の集団の中で暮らしたことのない子ども、家庭や地域社会の役割を果たしたことのない子ども、挑戦や失敗や挫折を味わったことのない子どもはそれぞれに自然接触体験が欠損し、縦集団体験が欠損し、社会参加体験が欠損し、困難体験が欠損する。これらの体験が乏しい分だけ彼らの「一人前」の資質も貧しくなる。豊かな社会で過保護に育てられた子どもはとりわけ上記の諸体験を欠損しがちである。欠損体験の教育的補完は現代教育の最重要課題である。

7　原因の原因

「過保護」と「放任」の同時存在が、各種の「欠損体験」をもたらした原因である。それでは原因の原因はなにか？　何故に戦後日本では保護や放任の過剰が放置されたのか？

「子宝」の風土は長い歴史の中で培われたものである。したがって、風土病の原因となる過保護傾向も放任傾向も初めからこの風土に内在したはずである。にもかかわらず長い歴史の中で養育や教育の「さじ加減」が保たれてきたのは、「過保護」と「放任」を抑制するシステムを、同時に、内在していたからに外ならない。この抑止力とはなにか？　それは「子宝の風土」が培った歴史の知恵である。過保護が子どもの自立能力を破壊し、放任が「わがままや勝手」を増殖したのは、過保護の抑止システムが破壊されたからである。

過保護と甘やかしを戒めてきた格言やことわざを見れば明らかなように、「抑止システム」として機能してきたものが、鍛錬の思想であった。鍛錬のプログラムは、いわば過保護の「ブレーキ」であった。それゆえ、「過保護」と「放任」が蔓延したのは、鍛錬の思想が衰退し、「抑制のシステム」の機能が衰退したからである。「抑制」のシステムを破壊したもの、それが上記の「受容」論である。周知の通り「受容」の理論はロジャースが唱導した「非指示的カウンセリング」（Non-Directive Counseling）の思想的根拠であり、日本中の心理学者や教育学者がもてはやした考え方である。「子宝」の風土において、「受容」の理論は、教育における「児童中心主義」の思想とあいまって、風土が作り上げた過剰な保護傾向に対する「抑制システム」を破壊したのである。「受容」にせよ、「児童中心主義」にせよ、欧米の風土を前提にすれば、すぐれた思想であることは疑いない。しかしながら、教育思想は文化風土の産物である。ある文化風土に有効であっても、別の文化風土には適用できないことは多々ある。したがって、「受容」の理論も、児童中心主義の思想も、思想上の意義は別にして、それを適用する風土との「相性」を吟味しなければならない。上記二つの考え方は、「子宝」の風土の発想と極めて類似しているため、風土のマイナス面を助長し、その抑制機能を破壊するのである。結果的に、戦後教育における「児童中心主義」と「受容」の理論の怒濤のような流入は、過保護と放任を助長する極めて有害な機能を果たしたのである。「受容」が過ぎて、ブレーキが効かなくなれば、子どもの「やり放題」になることは論理的必然である。今や、家庭内暴力や少年の非行は日常の現象となり、公共の乗り物でさえ我が物顔の中・高生が人々を恐れさせるようになったのである。少年のしつけが崩壊した被害は甚大である。少年犯罪の被害者の悲惨も疑いない。誰も叱らない、誰も教えない。過剰な「受容」の行き着くところは間違いなく教育の砂漠である。教育における「児童中心主義」は、政治や福祉における子どもという「半人前」の人権主義を増大させた。従来の日本文化が辛うじて維持してきた過保護の「抑制システム」の破壊傾向に拍車をかけたのである。それが原因の原因である。

8 「可愛い子」は「旅」に出せなかった

前述の通り、人間の世界では、通常「理想」と「現実」は背反している。現実がそうでないからこそ、理想のスローガンが生まれる。現実に問題があるのであれば、それを解決したいと思うのは人間の自然である。それゆえ、社会で子どもの遊びが問題になる時、子ども達は遊んでいない。責任感が問題になる時、子どもの社会参加はほとんど存在しないのである。「あるべきこと」は「ないもの」であり、「あるべきでないもの」は「あるもの」である。したがって、教育スローガンが目指している理想と現実実態の背反を忘れると問題の対応に重大な齟齬を生じる。

「可愛い子には旅をさせよ」という格言は「困難」のすすめである。しかるに、この格言の背景には、容易に「可愛い子」を「旅」に出せなかった「子宝」の風土の親の顔が彷彿としている。「あるべきもの」は「ないもの」だからである。

日本社会が伝統的に引き継いできた鍛錬の思想は、すべて同じような背景を持っているに相違ない。「他人の飯を食わせよ」という格言が生まれた背景には、なかなか「他人の飯」を喰わせることができなかった事情が潜んでいる。「世間の風に当てよ」も同じであり、「辛さに耐えて丈夫に育てよ」も同様である。「若い時の苦労は買ってでもさせよ」には、過保護が高じてぐうたらになった若者の姿が重なっている。しかし、重要なことは、「あるべき鍛錬」「困難のすすめ」を説き続けることによって、「過保護」と「放任」の抑止効果を生み出してきたことである。鍛錬の思想は、過保護の歯止めであり、甘やかしのブレーキであった。

翻って、戦後日本の子育てや教育は、総体として「鍛錬」を拒否してきた。実態を見れば明らかなように、鍛錬の思想も実践も、いたるところで、「子どもの主体性」や「人権」のスローガンの壁に突き当たった。結果として、鍛えるべき能力を鍛えず、教えるべきルールを教えていない。学校も家庭と同じ道を辿った。今では、学校こそが世間に「子どもの主体性」を説教する母体となったのである。

「過保護」にも「放任」にも歯止めがかからないという原因の原因はここにある。家庭は教育の「素人」である。それゆえ、家庭に教育思想の分析を期待することは無理というものである。教育原理や教育方法の検討は学校の任務である。当然、家庭は風土の特徴に従う。風土の特徴とは、「子宝」をひたすら大切に守り、事故や怪我のないように育てることである。風土の欠陥を補うのは専門家の任務であり、学校のような教育システムの関係者が責任を負うべきことである。昔も今も、家庭の過保護と放任に歯止めをかけるのは教育のプロの任務である。過保護を抑止するシステムを機能させるのは世間という第三者の他人である。それゆえ、少年期の鍛錬を放棄し、結果的に、少年の危機を招来した学校及び教育行政の責任は重大である。彼らは教育において、世間を代表しているからである。

教育関係者は「半人前」が「一人前」に育っていないことを、当然、知っている。しかしながら、多くの学校や教師は、責任は家庭にあるなどと無責任、的外れなことを言い続けている。それでは何故に学校では子どもの鍛錬ができないのか？　「子どもの主体性」や「子どもの人権」論がかくも異常なまでに世間に「繁殖」したのか？　しかも、多くの善意で、すぐれた人々まで、鍛錬の重要性を忘れ、少年の無気力と不作法になす術がないのか？　原因の原因のその又原因が分析されなければならない。

9　原因の原因の原因

少年の実力すなわち「生きる力」の低下は、過剰な保護と過剰な放任がもたらした副作用である。副作用の実態は自立能力の不足であり、様々な欠損体験の発生である。その結果、開発すべき子どもの資質は開発されず、身に付けるべき体力も、耐性も向上しない。特に、体力と耐性は生物学的、社会学的な意味で「生きる力」の根幹である。第一に、人間は「生き物」であり、体力が尽きれば生き物の生存が終わる。生きる力の第一条件は体力である。第二に、人間は生き物の中でも際立って「社会的動物」である。社会的動物が、ルールに従い、規範を守るためには、「耐性」が基本である。この二つの基礎能力はあらゆる学習・向上の土台である。体力も、耐性も育っていない子どもにはあらゆるトレーニングの集中も、継続も難しい。集中力も、継続の力も身に付いていない少年の教育的指導はほぼ不可能である。現象的には、体力と耐性の不十分こそが少年の危機の第一原因である。社会のシステム上、第一原因をもたらした原因は、「子宝」の風土における「抑止力」の喪失である。抑止力とは、「過保護」の戒めであり、「甘やかし」への批判である。それは「鍛錬の伝統」として存在し、「困難のすすめ」の思想として親から子へ、子から孫へと語り継がれてきた。もちろん、これらの考えを実行する活動のシステムも存在した。これらのシステムによって、鍛錬の伝統と思想は、地域社会にも、学校にも、当然、自覚した家庭にも浸透したのである。しかし、今や抑止力は風化し、抑止のシステムは、その思想と伝統とともに過去の「語り草」となった。「昔は厳しいものだった」というのがそれである。伝統の忘却、鍛錬の風化、これが第二の原因である。それでは何が抑止力を風化させ、抑止のシステムを停止させたのか？　それが第三の原因である。原因の原因の原因である。

鍛錬の思想とそのシステムを否定し、停止させたのは、占領政策による戦後教育の改革思想に外ならない。占領政策による教育改革の理由は単純で、明快である。それは戦前の教育思想の全否定であった、と言っていいだろう。敗戦前の十数年間、教育における鍛錬は「軍事教練」を含んで、異常に行き過ぎ、ほとんど狂気のごとき「軍国主義」教育と化していたからである。学校には軍事教練が導入され、軍人あるいは軍属が常駐し、国家と戦争の名において「子どもの主体性」も「尊厳」も踏みにじった。それは鍛錬の名を借りた過酷な虐待と言われても仕方がない。教育の異常は鍛錬の異常であった。その過程で児童や生徒は、事実、異常なほどに殴られたのである。「軍国主義教育」は理性を忘れ、「子宝」の風土のやさしさを忘れ、残酷な体罰や度を越した鍛錬を日常茶飯のものとしていた。その時、「鍛錬」はすでに極端な「体罰」や「虐待」を含まざるを得なかったのである。教育に名を借りた「体罰」は日常茶飯のことであった。占領軍の教育改革が全否定したのはその種の鍛錬であり、それを可能にした軍国主義の教育思想であった。戦後の学校教育法が全面的に「体罰」を禁止したのも、軍国主義に発する異常な鍛錬思想の否定に発している。

敗戦前の十数年とは言え、「異常な体罰を含んだ鍛錬」を方法論の核とした軍国主義教育の思想とプログラムは教育界全体を巻き込み、猛威をふるったのである。戦前の教師の多くが、「二度と同じ過ちは繰り返さない」と誓ったのは周知の事実である。占領軍の教育担当者が、日本の子どもを憐れみ、「正義感」と「怒り」を持って異常な「鍛錬」や教育の名を借りた体罰の一切を禁止したことは想像に難くない。

10　占領政策の教育思想――「児童中心主義」の導入

占領軍がもたらした教育思想は、当然、本国の教育思想である。担当者が善意であれば、善意であるほど、自分の国の、自分の生い立ちに関わった最良の教育システムを導入しようとしたであろうことは疑いない。それは教育史上、総括的に「児童中心主義」と呼ばれている。われわれが戦後教育の中で教わってきた欧米の教育思想である。われわれ教育関係者が読んできた書物は主として西洋の理論である。ルソーもフレーベルもペスタロッチもヘルバルトもエレン・ケイもデューイもその教育哲学の基本は「児童中心主義」である。「児童中心主義」とは「子どもが主役」「学習者が主体」という考え方を基本としている。それゆえ、「児童中心主義」が教育の主流を占めている状況は今も変わらない。全国の大学の教育学部が使用している教科書を調べてみれば、恐らくその大部分がこれら西欧の教育論か、あるいはその日本的解説であるはずである。

戦後日本社会が、アメリカ占領軍の指導のもとに、欧米社会の教育論に「範」を求めたことはやむを得なかったかも知れない。しかし、藩校や寺子屋以来の日本の教育発想をすべて「児童中心主義」に切り替えたのはなんとも早まった措置であった。

これまでの論理展開から明らかなように、「児童中心主義」を生み出したのは「児童」が中心でない社会である。「あるべきもの」は「ないもの」だからである。欧米の社会が「大人中心の社会」であるからこそ、子どもの抑圧を防止するための「児童中心主義」思想を必要としたのである。

翻って、日本の子育て環境は「子宝の風土」である。換言すればもともとが「児童中心主義」の風土である。それゆえ、「児童中心主義の風土」に「児童中心主義」の思想とシステムを導入すれば、すでに「甘やかし」の歯止めは効かない。過保護も、放任も当然の帰結である。「子どもこそが中心」であるという「感情」と「思想」のもとでは、過保護に対するほとんどの抑止力を失うのである。戦時の狂気から覚めて、戦後の十数年、日本の伝統的教育思想と実践を経験した人々が影響力を持続した期間は、「児童中心主義」の導入にもかかわらず、辛うじて保護と鍛錬のバランスを失うことはなかった。教育のプロを通して、過保護に対する抑止力が残存していたからである。しかし、彼らの引退とともに日本の教育は雪崩を打って過保護の抑止システムを廃棄する方向に動いたのである。

もちろん、「児童中心主義」は真っ当な思想であり、欧米社会の実情に照らせば、優れた教育思想である。したがって、真っ当な思想に論理的に刃向かうことは、決して容易ではない。しかも「児童中心主義」の教育思想は、ルソー以下、欧米の大先生たちが唱え、戦後の日本が学校教育を通して重点的に教え広めた思想である。さらに、伝統的な「子宝」の風土にとって、「児童が中心であるべきである」という思想は耳に快いものであったことは間違いない。「子宝」の風土とは子どもが中心であるという意味に外ならないからである。かくして「児童中心主義」は戦後の教育界を風靡したのである。

「児童中心主義」を批判することは、風土を批判することに通じた。「児童中心主義」に異を唱えることは、欧米の教育思想を批判することであった。日本国内では、それを信奉する多数の「恩師」を批判することに通じた。いまでもこうした人々が執筆した大学の教科書は「児童中心主義」の思想家の言葉に満ちている。それゆえ、教員のほとんどもまた、「児童中心主義」を身に付けて教壇に立つことになるのである。

しかし、「子宝の風土」が「宝物」を大事にし過ぎる副作用を生み出すように、「児童中心主義」も「児童中心」の限度が過ぎれば、同じ副作用を生み出すのは当然である。しかも、日本の場合、もともとの「子宝」の風土に、屋上屋を架すように「児童中心主義」の教育思想を移植したのである。二重の「児童中心主義」によって、「子ども第一主義」は度を越した思想・感情になることは目に見えているのである。

かくして原因の原因の原因は「輸入された」「児童中心主義」である。輸入の契機は、占領政策である。占領政策がそれまでの日本の教育を全否定したのは、戦前数年間の狂気に満ちた軍国主義的鍛錬の行き過ぎであった。この時、占領軍が見落としたものは二点である。第一は、「子宝」の風土の特質である。それはまさしく「児童中心主義」そのものであった。第二の見落としは、軍国主義の狂気が支配する以前の日本の教育実践であった。それは風土の特質に鑑み、保護と鍛錬のさじ加減を様々に配慮したシステムであった。それは過保護を戒め、放任を正す「子宝の風土病」の「抑止システム」であった。

しかし、占領期の教育政策におけるこれら二つの誤謬をあまり責めることはできまい。占領政策の担当者が、戦時期における軍国主義の過熱がもたらした教育の狂気に目を奪われたためであることは十分想像できることである。真の責任は、「もはや戦後は終った」と言いながら、日本の教育政策やそれを支える教育原理の修正をしなかった教育の専門家や教育行政にあるのである。

11　文化遺産と伝統の継承

以上三つの原因が重なってもたらしたものは、保護の過剰と放任の過剰の同時存在であったことはすでに述べた通りである。今、流行りの「自然教室」も「野外活動」も「通学合宿」も「職業体験プログラム」も「世代間交流」も「総合的学習」も、子宝の風土の「風土病」に対する処方箋のひとつである。あるいは、子どもの成長期の「欠損体験」を教育的に補完する方法の一つであると言い換えてもいい。その思想的淵源は数々の鍛錬の格言であり、子育てのことわざとして伝えられた「困難のすすめ」である。現代の教育的処方箋は、その思想も方法論も、全て伝統的「ことわざ」の不十分な焼き直しに過ぎない。過去の「処方」が不十分にしか復活できていない理由は、いまだ「鍛錬」の「基準」が甘いことであり、自立を促す「子やらい」の程度が不足しているからである。

参考にすべき伝統的システムや歴史上のプログラムは、「子ども宿」であり、「子やらい」であり、薩摩の郷中教育における「山坂達者」の鍛錬である。通学合宿に限らず全ての「少年合宿」は、これらの文化遺産を継承しようとしている。問題は継承を可能にする条件をどのように確立するか、である。

12 「保護」と「自立」のバランス

「児童中心主義」も「子宝」の風土も「子どもの視点」に立っている。「子宝」の風土はそもそもの出発点が子どもの存在を最重要視している。これに対し、「児童中心主義」の思想は、「大人中心」の社会的現実への批判から出発している。「大人中心」の社会は、子どもの視点に立ってはいない。それゆえ、その欠陥を補う思想が「子どもの視点」に立つべきであると主張しているのである。「子どもの視点」の対極にあるのは「社会の視点」である。

「子どもの視点」とは基本的に「保護」を重視することである。それゆえ、行き届いた子どもの「世話」に心をくだき、日々の「指示」に気を配り、必要物品の「授与」を忘れず、子どもの気持や欲求を「受容」することに力点を置くことである。

「社会の視点」はこれと異なる。社会が要求するのは、「自分のことは自分ですること」「自分のことは自分で決め、決めたことの責任は自分が引き受けること」「与えられたものを大切に使い、感謝の気持を忘れないこと」「社会のルールに従い、時と状況に応じてみずからの欲求や感情を抑制すること」、である。極めて単純に言えば、日本の社会には、「子どもの視点」がふんだんにあり、欧米の社会には「社会の視点」がふんだんにある。それゆえ、日本の社会には、思想としての「社会の視点」が必要であり、欧米の社会には、同じく思想としての「子どもの視点」が必要となる。思想が現実社会への対応分析として生み出される以上、それは論理の必然であった。「存在しないもの」を補うのが、「思想」の重要な機能だからである。それゆえ、「児童憲章」も「児童福祉」も「子どもの権利条約」も「子どもの人権」の思想も、欧米の思想がその源流である。子どもの福祉を強調したのは、「大人中心主義」の社会が当面した思想運動の当然の帰結であった。「子宝の風土」にはこうした思想を発明する動機と必要がなかったのである。

かくして日本社会の養育・教育の格言には、社会の視点に立って「一人前」を育てよ、という鍛錬の思想が伝統になったのである。社会の要請に応えて子どもを鍛えよというのは、「子宝」の風土の論理の必然である。「可愛い子には旅」という試練の強調は、「風土」に内在する過剰な「子どもの視点」への思想的批判である。欧米の場合とは、正反対の論理的必然である。

しかしながら前述の通り、日本社会の試練・鍛錬の思想は、「児童中心主義」思想の導入によって否定され、結果的に、「児童中心主義」は、日本社会の過剰な保護と放任に対する抑止力を消滅させたのである。「過保護」を戒めるのも「放任」を抑制するのも、「社会の視点」であることは言うまでもない。現在の通学合宿に必要な条件も教育キャンプに必要な要素も、その基本は「社会の視点」である。その意味で「欠損体験」の教育的補完とは、「一人前」の社会人に要求される能力・資質の開発である。「少年合宿」とは、「自立」のために必要となる体験の場と活動の舞台の設定である。

それらは、「基本的生活習慣の確立」から「困難体験」にいたる、人生の実力の向上を求めるプログラムによって構成される。実力とは、「生きる力」と同義であり、体力、耐性、徳性、学力、人間関係を調整する感受性（ＥＱ）の総合である。これらの資質の獲得こそ全ての社会が要求する「一人前」の条件に外ならない。それゆえ、保護と自立のバランスとは、「子どもの視点」と「社会の視点」のバランスに外ならない。法律的にも教育的にも親が「保護者」と呼ばれる所以は、「保護」をもって親の第一任務とするという意味である。子どもは一人で生きていくことはできず、親または社会の保護が不可欠であることは論を俟たない。それでは、「社会の視点」に立った「自立」の訓練は誰が行なってきたのか？　当然それも、原則的には、親の任務であるべきだが、「子宝の風土」と「児童中心主義」の教育思想が合体してしまった現状の日本では、今や、親はその任に耐えられない。それが「少年の危機」の根本理由である。

13 「守役」の伝統——第三者への委託

日本の子育ての伝統が語っていることは、鍛錬は他者に委託したという事実である。他者とは世間のことである。乳母もご養育係もご指南番もご進講係も行儀見習いも子ども宿も子やらいも寺子屋も、すべて子どもの資質の開発・指導を他者に委託したものである。トレーニングの委託を受ける者を総称して「守役」と呼んでいた。当然、全ての塾や道場、あらゆる種類の学校は「守役」機能の延長線上にある。子宝の風土は、子宝の風土のゆえに、「家庭でできること」と「世間に託すべきこと」を区別したのである。社会的資質の教育と鍛錬については、その多くを世間を代表する他者の「守役」に委託して実行したのである。

「子宝の風土」は明らかに、「家庭の視点」と「世間の視点」とが異なっていることを自覚していたに相違ない。家庭の視点とは子どもの視点にほかならず、子どもを「守って」育てることである。当然、世間の視点とは上記の社会の視点の意味であり、子どもを「鍛えて」育てることであった。「社会的資質」の教育を「守役」に委託したことは、「子宝の風土」の知恵と見識であった。

それゆえ、子ども会も通学合宿も教育キャンプも少年自然の家も総合的学習も、「社会の視点」を最重要視すべきことは言うまでもない。これらはすべて「一人前」を育てるために、世間に委託された教育プログラムだからである。

にもかかわらず、現在、これらの組織・機関は必ずしも「社会の視点」に立ってはいない。事実、これらの組織や機関のプログラムの多くは、試練も、鍛錬も放棄してしまっている。もはや、学校も、社会教育も、子どもに行儀作法を満足に教えることもできない。その理由は、これらの組織・機関が自らの「守役」機能を忘れたからである。これもまた「子宝の風土」の「風土病」の一種である。学校を始めとする教育組織ですら、子どもの試練・鍛錬を担当できないということは、過剰な「児童中心主義」の毒が社会の全身に回ったということである。

子ども会も通学合宿も教育キャンプも少年自然の家のプログラムも総合的学習も、それらが行なわれただけでは必ずしも期待される教育効果は生まれない。問題の核心はこれらの活動が「社会の視点」に立って行なわれたか否かである。多くの子ども会活動が過保護な「親ども会」になっていることは周知の事実である。少年自然の家もそのプログラムの多くは、少年「不自然の家」である。その他もおよそ似たようなものであ

■守　役■

社会が「一人前」を育てようとする時、保護者は第三者にその任務を委託する。委託を受けるものは、「ご養育係」と言い、「うばやめのと」と言う。分業化すれば、「ご進講係」であり、「ご指南番」となる。庶民の間では「子やらい」の慣習があり、子どもを親から離して「子ども宿」や「若衆宿」で自立のトレーニングが行なわれた。この時、人々の信頼と委託を得て、指導にあたったものが総称して「もりやく」と呼ばれる。守役は社会の基準を示して子どもを一人前に導く。それゆえ、寺子屋も、藩校も、子ども宿も、守役の組織化であり、近代学校の出発点も守役の任務を負っていたことは当然である。現代の学校の致命的欠陥は、子どもの側にだけ立って、社会の側に立たず、「一人前」の基準を示さず、「もりやく」としての義務と責任を果たしていないことである。

れば、「欠損体験」の補完にはなり得ようはずがないのである。

「子宝」の風土と「児童中心主義」思想の合体によって、家庭はすでに「社会の視点」の大半を失っている。そのことは、一人前の社会人を養成する機能の大半を失ったことを意味する。しかも、家族の大半は、失った視点を補うため、子育ての一部を「世間」に委託する必要も自覚していない。また、仮に世間への委託が行なわれたとしても、保護者が委託先に対して常にさまざまな過保護の条件を付けるようになった。家庭はすでに「守役」を信頼していないのである。小さな失敗にも学校に怒鳴り込み、ちょっとした擦り傷にも教育長に文句を言う。親の姿勢は家庭の過保護と独善を象徴している。「守役」の側もそうした過剰な保護、過剰な放任に対する反論と叱責の根拠を失っている。かくして、鍛錬を委託されるべき「守役」の側でさえも「社会の視点」に立つことが難しくなっているのである。しかも、最悪なことに、世間の代表たる現代の学校は、戦後の教育改革によって「児童中心主義」の唱導者となり果てている。結果的に、学校の指導場面でも、試練の責任を放棄し、鍛錬の役割を忘れたのである。かくして、学校もまた「一人前」の養成機関としてはほとんど機能しないのである。

今や、新しく登場した教育キャンプや通学合宿や生活体験学校や復活版「寺子屋」プログラムが、家庭教育の補完であると同時に、学校教育のささやかな補完もしなければならないというところに日本の教育の悲劇があるのである。

5 人生の予防注射

1 「ワクチンの思想」

病気予防には全く正反対の二つの原則がある。「原因の除去」と「原因への抵抗」である。病気がある「原因」によって発生する以上、第一の予防法は当然病気の原因を「除去」することである。しかし、病気が人間と「病気の原因」との戦いの結果であるとすれば、第二の予防法は、病気の原因に負けない「抵抗力を培う」ことである。それが「ワクチンの思想」であり、「免疫」の発想である。

このことは少年の危機を考える上で、さらに明確である。子どもたちの危機と挫折は「困難」によって発生する。それゆえ、「挫折の予防」にも全く正反対の二つの原則がある。「困難の除去」と「困難への抵抗力の育成」である。

子どもたちが困難に潰されないようにするには、日々の「辛さ」を減らしてやるのが第一の原則である。人生の大事にいたるような「困難」は事前に取り除いてやるのが、家族や社会の任務であることは言うまでもない。しかし、「辛さ」の原因を取り除く努力だけでは少年問題の解決にはならない。それは病気の場合と同じである。この世から病気の原因をすべて取り除くことが不可能であるように、少年の人生から「辛さ」の原因をすべて取り除くことも同じように不可能だからである。

2 我慢の基準

生老病死が人間の宿命であるように、「困難」も人生の必然である。「無菌室」の人生があり得ないように、「困難ゼロ」の人生もあり得ない。したがって「危機予防」の第二原則は、病気の場合と同じく、もろもろの困難に対する抵抗力を養うことである。困難に対する抵抗力は「耐性」と呼ばれる。「耐性」には「行動耐性」や「欲求不満耐性」などの種類がある。要は心身の辛い時に踏ん張って我慢する能力を言う。我慢できるものの多くは、本人にとってすでに「困難」ではないからである。それゆえ、子どもにとっての「我慢」の基準が極めて重要である。「困難」の基準は「我慢の」基準と裏表の関係にある。「我慢」の基準を低くすれば、人生は「困難」だらけになってしまう。「困難」の定義基準を低くした場合も同じである。定義基準が低くなった分だけ些細な辛さが「困難」になってしまうのである。結果として些細な辛さに耐えられない「根性なし」が異常発生する。

我慢の基準を低くしても、困難の基準を低くしても子どもの耐性は落ちるのである。少年を巡る「困難」と「我慢」の「基準」が決定的に大切なのはそのためである。「耐性」を育てるということは、教育におけるワクチンの思想であり、「免疫」の発想である。それゆえ、心身を鍛えるということは、教育における人生の危機の「予防注射」なのである。古人は「辛さに耐えて丈夫に育てよ」と言い、「若い時の苦労は買ってでもさせよ」と言い残している。

3　新しい病名

近年、筆者が学んだ時代にはあまり聞いたことのない病名を多く聞くようになった。例えば「心身症」である。また、「燃え尽き症候群」とか「引き籠り症」もこの一〇年ぐらいの間に一般化してきた用語である。登校拒否をはじめ、各種「○○拒否」症候群も同じである。抑鬱が高じてとつぜん「切れる」というのは主として少年の用語であるが、それがいわゆる「心神喪失」なのか、単純に「ブレーキが効かない」ということなのかははっきりしない。

キーワードは「ストレス」である。日本語では心身の「負荷」をいう。かつては「気鬱の病」とか「ノイローゼ」とか、あるいはまた「過労」としてひとくくりに処理していたものであろう。いずれの場合も、個人に懸る「負荷」が大き過ぎてそのことが心身の変調をもたらしているのである。

4　心身一如

心身への過剰な「負荷」が心身の変調をもたらすという事実は、先人以来われわれの経験が知っている。それゆえ心身が相互に関係し、影響しあっているという知識は、特に新しいものではない。身体が疲れ過ぎれば、身体はもちろん心にも変調を来たす。逆も同じである。心が疲れ過ぎれば、心はもちろん身体にも変調を来たす。

むかしから「病は気から」と言ってきた。反対に心の病も「気を散じてのんびり休めばなおる」と言ってきたのである。古人はこのことを「心身一如」と呼んだ。心と身体は繋がっており、精神と肉体は統合された一体であるという意味である。現代の医学は、精神と肉体を連続させているものはある種の「ホルモン」であるという事実を解明しつつある。しかし、「心身一如」がどこまで正確に解明できたかは未だ不明である。

心身連続のメカニズムは解明されていないとしても、重要なことは「心身」が「ひとつに繋がっている」という人生の経験的事実である。この事実を前提にすれば、予防の原理は心身連続の論理で分析することができる。

5 「負荷」の基準

個人には体力や体質やそれぞれの違いがある。いわゆる「個体差」である。体力や体質は現象的に観察がしやすいので、分かりやすい「個体差」である。これに対して「気質」や「耐性」は外見や現象からではなかなか判別が難しい。あくまでも相対的な意味であるが、身体的個体差に比べて、精神や気性の特性は見えにくい「個性」である。この「個体差・個性」こそがもう一つの原因、もう一つの予防法を解く鍵である。

上で述べた様々な病は心身のストレスによる「日常生活の挫折」である。一つの見方をすれば、「無理が祟った」のである。しかし、もう一つの見方をすれば、個体が「無理に耐えるだけの強さ」をもっていなかったのである。「無理が祟った」という見地に立てば、「無理をしない」ことが解決法になる。

逆に、本人の個体が「無理に耐え得なかった」という見地に立てば、鍛錬不足の「弱い個体」こそが問題の原因である。

いずれの場合もそれぞれの個人が耐え得る「負荷」の基準によって診断も処方も変わってくる。鍛錬によって「負荷」の基準は大幅に移動する。生涯スポーツや少年の教育が大事なのはそのためである。無理に耐えられない状況を回避するためには、「無理」という「負荷」に耐え得るだけの体力、体質、耐性、気質を養わなければならない。それが「第二の予防法」である。日本の子育て文化は

「子宝」の風土である。「子宝」の風土が語り継いできた「鍛錬のすすめ」はもちろん後者の見方、「第二の予防法」を前提としている。

6 「耐性」の意義

考えようによれば、人生は限りない困難に満ちている。子どもも大人も生きることはいつも、どこかで「無理」をすることに通じている。「やりたいこと」は簡単には「やれない」。「欲しいもの」も簡単には「手に入らない」。「やりたくなくてもやらなければならないこと」は多い。徳川家康が言った通り、人それぞれに「人生は重き荷を負うて遠き道を行くがごとし」である。少年も例外ではあり得ない。人間に慾がある限り、この世は思うようにはいかないのである。

それゆえ、困難を凌ぎ、日々の「負荷」に耐えることは決定的に重要である。思い通りにいかないことが

■困難菌■

ワクチンの基本は「人工的に培養した病原菌」である。ワクチンが人体の免疫力を高めるということは、医学がいうところの「抗原抗体反応」を通して、一定限度の病原菌が人体の免疫力／抵抗力を高めるという仕組みを活用している。「心身一如」といわれるように人間の肉体と精神はホルモンその他の様々なメカニズムで連結している。それゆえ、医学の論理は子どもの教育の論理に応用可能である。人工的に培養された病原菌が人体の免疫力／抵抗力の増強に有効であるならば、「人工的に工夫された困難菌の発想」は子どもの耐性や根性の増強に有効であるはずである。教育的に工夫された困難菌の発想こそが鍛錬であり、修養であり、挑戦のプログラムである。「子宝の風土」が「若い時の苦労は買ってでもさせよ」と言ったのは人生の予防注射を意味している。

山ほどあって、どうにも我慢できないということになれば、「切れる」か「籠る」か「拒否する」しかない。世の中はせわしなくなって、確かに少年のストレスも大きい。世間が指摘する通り、受験のプレッシャーも厳しく、学校も管理主義で面白くなくなったことも本当であろう。報道で見聞する限りはいじめもひどいものである。しかし、それらを全部ひっくるめたとしても現代の少年は、昔の少年に比べて、恵まれた条件の中で生活している。それゆえ、少年の危機の大部分は「困難の存在」が原因ではない。困難に対する「抵抗力」の低下が原因である。抵抗力が落ちれば風邪でも重体になりかねない。耐性が落ちれば子どもの日常に起こる些細な出来事が少年の挫折に繋がるのである。

7 「やさしさ」の死角

病弱の身体の最終解決は体力と体質を改善することである。ひ弱な精神の最終解決は「耐性」を向上させる以外に道はない。抵抗力不足が原因である少年の挫折は「やさしさ」だけで救うことはできない。もちろん、困難の前に立ちすくんでいる子どもを見過ごしにはできない。「井戸に落ちた子どもを助けようとするのは人の性」であると孟子は指摘したが、そんな時の「やさしさ」は人間の自然の情であって、教育論とは区別されなければならない。少年の不幸は見るに忍びないが、「やさしさ」だけでは解決できない。教育的処方が不可欠である。

ひ弱さが原因となっている問題を解決するためには、ひ弱さを克服するしか方法がないのである。

やさしさは掛け替えがないが、「やさしさ」だけでは事態は解決しないのである。「ふれあい」を増やそうと、「暖かく見守ろう」と、それだけでは次の不幸を増殖するだけである。保護者や周りの人々が、少年の一つの困難を肩代わりしたとしても、次の困難はどうすればいいのか。答えは出ないであろう。それはやさしさの死角である。少年の危機を巡る日本社会の論調はいつも「やさしさ」の死角に入っている。誰も叱らない。誰も鍛えない。少しの鍛錬でも強制すれば「虐待」であるかのように言われることが多い。肝腎の家庭は「子宝」の風土の宿命の中で、子どもを守ることはできても、鍛えることはできない。それゆえ、過保護、過干渉の結果は分かりきったことなのに一向に改めることができないのである。

8 父の不在

どこの社会でも子どもは「半人前」である。それゆえ、子どもの主体性や子どもの権利を言う前に「半人前」を鍛えてやることが大切である。「子宝の風土」は子どもに対するやさしさを原点にしている。したがって大部分の家庭は社会の介入無しに子どもを鍛錬することは難しいのである。近年、「父性論」が登場したのは過保護・過干渉が危険な限界を越えたことへの反動である。しかし、もともと「子宝の風土」に「父性原理」は希薄であり、現代の家庭には、かつての「家制度」に守られた「父」もいない。母が家庭教育の中心になったのは言わば戦後日本の自然の結果である。今になって家庭に「父性」を求めるのはいささか「無い物ねだり」の感を禁じ得ない。

ジャーナリズムもいろいろ評論を言うのならば、「ヤンキーな中学生」や四無主義の子ども達とすこしは付き合ってみたらいい。机上の評論通りにいかないことは一日で分かるだろう。教育行政の責任者も、荒れた中学校の教壇に立ってみれば、現状のやり方では授業一つできないことが身に滲みて分かることだろう。

親も世間も鍛錬を事実上放棄している。ジャーナリズムに代表される世間は特に無責任で、何一つ各論の実行はしない。教育機関の対応もほとんどすべてへっぴり腰である。戦後日本の学校教育を毒した教員組合と教育行政のイデオロギー的対立もようやく沈静化してきた。戦後教育界の苦い「学習」もようやく時が熟したと思われる。今こそ鍛錬学校が必要である。この国の歴史が示す通り、子宝の風土の「父性」に基づいた指導は、世間が預かって、「師」に託し、学校に託すべきである。それが「守役」の伝統であり、「子やらい」の慣習であった。学校はそれぞれの家庭の子どもを預かり、「他人の飯」の中で鍛錬を開始すべきである。

しかし、現状の学校は到底「父性」も「守役」も代表していない。もちろん、その指導法は「他人の飯」にも、「世間の風」にもなっていない。したがって、文部科学省の言う「生きる力」を養うことができるとは到底思えない。

それゆえ学校は本格的な鍛錬学校になるべきである。しかし、鍛錬をする以上今まで通りの学校ではできるはずはない。それゆえ、いくつかのことは言わなければならない。いわく、「半人前を一人前にあつかうな」「学校に伝統的な鍛錬の思想を復活せよ」「小さな事故にまで目くじらをたてるな」「小さな事故を教訓に大きな事故を防ぐのである」「教育の強制力について逃げない論議が必要である」「ルールに従わず、説得と制止に応じない少年の具体的な処罰のあり方を決めなければならない」。

これらの条件はすべて子どもの「主体性」論や子どもの「権利」思想と激突する。時には、「人権主義者」と衝突する。しかし、この問題を避けて鍛錬学校はあり得ず、「生きる力」の向上もあり得ない。

9　大人の分別

人間が自分の可能性を信じて生きることは自己実現の思想と呼ばれる。自己実現は生涯

■耐　性■

一般的に「がまん強さ」のことを言う。耐性には、アルコール耐性とか、薬理耐性のような特別な使用法もあるが、子どもの発達に関わるものは「行動耐性」と「欲求不満耐性」である。行動耐性とは体力を基本とした身体的適応力や慣れを意味する。はじめは辛かったり、難しかったりすることでも、身体の慣れや適応力がついて、できるようになった場合「行動耐性」が向上したと言う。他方、「欲求不満耐性」の方は、心理的・精神的適応力を意味する。私たちが種々の障碍、妨害、困難により、欲求の実現が阻まれることがある。その時の緊張や不満が欲求不満である。緊張と不満の苦痛に耐えて、状況を判断し、適切な現実処理ができる能力を「欲求不満耐性」と呼ぶ。この能力が乏しいと状況の苦痛に耐えられず、感情的、防衛的に不適切な反応を起しやすい。「きれる」というのがそれである。この能力を高めるためには、発達の各段階において、適度の挑戦、緊張、失敗、挫折など「欲求不満」を伴う体験を通っておくことが必要である。

学習社会の基本目標であり、この思想に水をさすことは気が引けるが、この世が思うに任せない以上、自己実現もどこかで線を引かなければならない。自己実現も要するに人間の「慾」である。「慾」である限りは人間の「業」である。自己実現願望も欲求不満の原因となり得ることは言うまでもない。「業」の思想は「自己実現」の思想より遥かに古く、人間の歴史に揉まれている。人生の困難が人間の「業」に根ざしている以上、望みも夢も自己実現の志も、ある程度までは頑張るが、ある程度以上は諦めなければならない。先人は「欲求不満」が人間の宿命であることを知っていた。有限の資源と有限の機会で人間の無限の慾求を満たすことは論理的に無理と言うものである。それゆえ「足るを知る」ことを人生における幸福の原理としたのである。この原理を守っているか否かは本人だけが分かることである。「足るを知る」ことを忘れると、人生は欲求不満の連続である。夢は満たされることが少ない。

しかし、このことは大人の分別である。今の時代、少年はただひたすら自分の可能性を追求して心身を鍛え抜けばいい。「耐性」さえ身に付いていれば、分別をつけるのはずっと後のことでいいのである。

6

試される親、試される地域
——教育力の衰退と行政の役割

1 教育力とはなにか

　みんなが「教育力」という言葉を使う。しかし、教育力の概念は必ずしも分かりやすく定義されていない。例えば、総理府が行なった調査に「家庭の教育力は低下しているか」という質問がある（「青少年と家庭に関する世論調査」総理府広報室、平成五年）。ある人は「まったくその通りだと思う」と回答し、別の人は、「ある程度そう思う」などと回答している。この時、人々はどんなイメージで「教育力」という言葉を捉えて回答したのであろうか。また、別の調査では、「学校で教えて欲しいもの」はなにか、という質問がある。この場合は「学校の役割」を尋ねている。「教えて欲しいもの」は「果たすべき役割」と同じ意味である。そうなると、「学校で教えて欲しいもの」は学校に期待されている「役割」であり、「家庭で教えるべきもの」は「家庭が負うべき役割」である。したがって、家庭が「その役割」をきちんと果たしていない時、「家庭の教育力は低下している」ということになる。すなわち、「教育力」とは、「教育役割の遂行能力」を意味する。教育役割の実行は具体的な「教育プログラム」の実施である。それゆえ、「教育力」とは個人を取り巻く「学習プログロム」という意味である。* 学校の場合を考えてみれば明らかであろう。学校の教育力とはカリキュラムの遂行能力である。「あいさつ」を教えるのは「学校の役割」であると親が望む時、それは「あいさつの指導」を「カリキュラムに含めよ」と言っているのである。したがって、「家庭の教育力」とは「家庭に存在する学習プログラム」の遂行能力の意味であり、「地域の教育力」とは、「地域に存在する学習プログラム」の遂行能力の意味である。それゆえ、「教育力がある」ということは、「学習プログラム」があり、かつまた、その遂行能力があるということである。逆に、「教育力がない」ということは、「学習プログラム」がないということであり、学習プログラムが遂行されていないということである。

＊葉養正明はマッキーバーの理論を引いて、教育力を「人間関係の持つ潜在的教育作用」と「地域社会の教育活動」の総和であるとしている。しかし、前者は教育政策を立案する上で具体的資料とはならない。「地域社会の教育活動」も様々な形態があり得るが、核心となるのは具体的な「学習プログラム」の企画と遂行である。葉養「地域社会の教育力をどう回復するか」深谷昌志他編『学校五日制で教育はどう変わるか』教育出版、一九九六年、一一一頁。

2　計画された学習機会

「学習プログラム」は人々を取り巻く様々な「学習機会」の一部である。「学習機会」は偶発的、無意図的な場合もあるが、「学習プログラム」は常に計画的、意図的である。換言すれば、「学習プログラム」は、「学習機会」の特別の形態である。特別の形態とは、「計画された学習機会」と呼んでもいい。学習機会一般は、学習者の興味・関心、学習意欲に応じて、原理的に、どこにでも存在している。それゆえ、原理的に、学習は学習者の自発性の関数である。学習者が望めば、テレビも新聞も図書館も学習機会となり得る。その気になれば、どこでも、誰からでも、何からでも学ぶことができる。「我以外のもの、みな我が師なり」ということになる。

しかし、学習者の自発性はおいそれとは達成できない。子どもにおいては特に自発性を前提にはできない。「その気になる」のは、決して簡単ではない。興味も関心もやる気も。それらの大半は教育の結果だからである。したがって、実際に学習が行なわれるためには、学習意欲、学習者の自発性を喚起するための方策が必要である。学習機会が「学習プログラム」として組織化されなければならない理由がそこにある。意図的／計画的な勉強会や読書会を組織しない限り、生活の中の学習機会は、容易には子どもの「学習」にはならない。学習者に関心がない時、せっかくの学習機会も、ただ「通り過ぎて行く時間」「耳にしただけのニュース」「図書を集めた建物」に過ぎない。

3 向上の意志

子どもに限らず、人間の学習の理想は、「生活から出発して、生活によって、生活の向上をはかる」という「生活即学習」の経験学習である。[*] しかし、経験がなんらかの学習になるとしても、学習が自動的に行なわれるわけではない。生活経験の中の学習機会を活かせるか否かは、学習者次第である。指導者が必要になるのも、プログラムの工夫が必要になるのも、学習者の自発性や学習能力がおいそれとは達成できないからである。

＊「総合的学習」の理論的根拠である「体験学習」「合科教育」の理論はすでに戦前からの思想である。西岡加名恵は奈良女高師附属小学校の理論と実践を指導した木下竹次の考えを詳しく紹介している。田中耕治編著『「総合学習」の可能性を問う』ミネルヴァ書房、一九九九年、二一頁。

「学習プログラム」は教育意図を前提としている。教育意図とは学習者を向上させたいという願いである。「向上させたい、学習させたい」という意志がある以上、そこには「何を学習させたいのか」「どんな風に学習させたいのか」「どこまで学習させたいのか」など一定の見通しがなければならない。それらの考えが総合的に組み立てられた時それは教育計画となる。

学習機会は学習者が学習する気にならない限り、学習活動として顕在化することはないが、「学習プログラム」の方は常に教育の旗を掲げて潜在的学習者を待ち構えている。

それゆえ、学校の教育力とは「カリキュラム」の遂行能力と同義であり、「地域の教育力」とは、地域に顕在化している「学習プログラム」遂行能力が中心である。当然、「家庭の教育力」とは家庭の中に顕在化している「学習プログラム」の実施が中心になる。学校でも地域でも家庭でも雰囲気や教材や施設のような種々の教育条件は重要であるが、中心はあくまでも学習プログラムである。

教育の中心となるプログラムは、誰にでも分かるように「顕在化」していなければならない。「学習プログラム」は常に生徒の集中を要求し、人々の参加を呼び掛けている。この呼び掛けこそがすべての教育活力の源泉である。教材や施設のような潜在的な学習機会があるというだけでは、「教育力」を発現できない。したがって、家庭でも、学校でも、地域でも、教育力を高めるというとき、それはそれぞれの学習プログラムを遂行／拡充するという意味になる。学習プログラムを構成する「人、もの、金、事」が重要になる所以である。

4 試される地域の教育力

家庭の教育力は子どもを対象にしたプログラムの総体である。ところが地域の教育力の対象は様々に異なる。少年もいれば、高齢者もいる。それゆえ、地域の教育力のあり方は対象によって異なる。総合的に「地域の教育力」を論じる場合は、対象別に提供されるプログラムの総体を意味する。それゆえ、少年に対する教育力が高い場合でも、高齢者に対する教育力は低いという場合が生じる。

少年の自発的な体験を進めようとすれば、恐らく子ども会や少年団体のプログラムが地域の教育力の代表的な例であろう。また、放課後の学習や習い事を進めようとすれば、家庭学習はもちろん、指導の「外部化」による塾や習い事のプログラムが教育力を構成する。「学童保育」は、発想を工夫すれば、少年プログラムのデパートになり得る。「学童保育」の場を工夫すれば、保育も、学習も、遊びも、集団生活の体験も可能である。子どもの放課後が安心であれば、男女共同参画社会を支える教育力となる。放課後の「保育機能」はもちろん、集団生活の体験も、宿題のサポートも、遊びも、運動も、様々なプログラムを編成し、組み合わせることが可能であるからである。

また、あいさつや礼儀、社会の決りを守る指導は、地域の大人と子どもの関わりが鍵になるだろう。大人が子どもに注意しなくなった時、子どもの社会性の指導は大きく後退する。それは当該地域に社会生活指導のプログラムが存在しないということを意味するからである。地域の教育力が薄れているということは、各種の指導プログラムが停滞しているということを意味する。

高齢者の場合は、生涯スポーツやボランティア活動が地域の教育力の鍵になる。健康を維持し、社会に関わりを持ち続けようとすれば、社会的活動に参加し続けるしか方法がないからである。高齢者の多くが社会的活動に参加していない時、地域には参加の舞台も、参加をすすめるプログラムも少ないはずである。その時、高齢者に対する地域の教育力は存在しないということを意味する。

5 試される親――家庭の教育力

このように考えてくれば、「家庭の教育力」も明らかであろう。それは家族によって指導される顕在的な学習プログラムの遂行を意味している。思いつくままに列挙すれば次のようなものであろう。

家庭は、子どもに言葉遣いを教えているか。家事を仕込んでいるか。身体を鍛えるように指導しているか。親を大切にすることを教育しているか。世の中の決まりを教えているか。ものを大切に使うことを指導しているか。友だちとの付き合いや遊びを大切にさせているか。学校と教師を信頼させているか。勉強の習慣をつけているか。規則正しい生活リズムを指導しているか。役割を分担させているか。感謝の気持を教えているか。日々の出来事を話し合っているか。等々。家庭で行なうべき教育プログラムは、まだまだ延々と続く。家庭の教育力の衰退とはこうしたガイダンス・プログラムの衰退と不在を意味する。

もちろん、どの親も完璧ではない。同時にどの子も完璧ではない。したがって、こうしたプログラムに多少の「穴」があいていたとしてもいっこうに差し支えはない。教育結果も五〇点もあれば上出来とのんびり構えていればいい。しかし、上記のプログラムの大半が欠落していたり、最も基本的なものが欠けていたら、家庭の教育力は機能しない。その結果いわゆる「しつけ」は欠落してしまう。

6　家庭の教育力の基礎・基本

家庭における具体的な指導目標は様々である。例えば、「親を大切にすること」である。親への敬意を教えていないことは家庭の教育力にとって致命的であり、事実上、家庭の教育力の崩壊を象徴している。「親を大切にしなければ」、ほとんどすべての家庭の指導は成立しない。尊敬しない親のいうことを子どもが聞くはずはないからである。

同様に、例えば、家庭の中で「学校や教師を馬鹿にすれば」、家庭を通して学校の機能が崩壊する。家庭が「学校への信頼」を失えば、学校教育の大半は効力を失い、学校の指導は子どもに到達しない。理由は親の場合と同じである。子どもに限ったことではないが、馬鹿にしている相手の言うことなど聞くはずはない。親に馬鹿にされる学校も学校であるが、学校を馬鹿にする親は子どもの教育上、最悪、最低である。学校を侮ることの付けが、すべて自分の子に返ってくることを自覚していない。

例えば、「弱いものを虐めないこと」も重要目標の一つである。この指導ができなければ、その子はこれからの人生においてフェアーな人間関係を築くことはできない。優れた男にも、優れた女にも愛されることはない。友人の信頼も勝ち得ることはできない。

さらに、例えば、許可なく「ひとのものを取らないこと」も同じである。出来心の万引きでも、わるガキ仲間に扇動された恐喝でも、きちんとした行動修正が行なわれなければ、その子は世の中の大抵のルールは無視するようになる。幼くしてルールを守れなくなれば、後々の共同生活も社会生活も困難になるのは明らかであろう。

以上の例は家庭教育の基礎・基本の具体例である。それゆえ、こうした基本原則は幼児期に徹底して教えなければならない。徹底して教えるとは、「譲らず」「議論せず」「時を選ばず」反復して、指導することである。

「家庭の教育力」が衰えたと言われて久しいが、それは上記のような家庭内のプログラムを喪失したことを意味している。多くの家庭は、今や、指導プログラムの遂行能力と気迫を有してはいない。そこから異常とも言うべき日本社会の学校依存が始まる。学校を信頼していないのに、学校に様々なことを要求する。それが日本社会の異常な学校依存傾向である。

家庭、学校、地域の連携が重要なのは、教育力の相互補完が重要であるという意味である。家庭の教育力と、地域の教育力と、学校の教育力が適度にお互いを補完した時、社会の総合的教育力は最大値に達する。少年の危機を解く鍵は、少年を取り巻く環境のそれぞれの教育プログラムの点検から始めなければならない。教育力とは、それぞれの「場」において、顕在化しているプログラムの内容／方法／遂行能力を意味するからである。

7　教育政策の根拠

(1) 土曜日の教育力

教育政策の目的は教育力の向上である。それゆえ、教育政策とは「どのようなプログラムを提供するか」にかかっている。教育政策の成否はプログラムの成否を意味すると言っても過言ではない。地域の生涯学習政策とは、実現すべき目標のために、どのような「学習プログラム」を配置するかということである。したがって、学校週五日制に伴う土曜日の有効活用を図ろうとすれば、土曜日の「活動メニュー」を準備することである。それが土曜日の教育力であり、土曜日のための教育政策である。メニューの内容と方法は子どものニーズと関心によって異なることは言うまでもない。様々な「土曜スクール」が必要となるのはそのためである。

(2) 家庭の教育力

家庭教育学級の組織化は、家庭における指導プログラムの点検から始まる。何が欠けているのか、何が不十分か。それが分かれば学校と協力して指導の補完をすることができる。子育て論において、「ふれあい」とか「親子の話し合い」とか「子どもの立場」とか、いくら論じたところで、それぞれの家庭が、上記に例示したような指導プログラムの実践ができなければ、家庭の教育力は低下する一方である。家庭教育学級が家庭の教育力の回復に貢献していないことは、現状に鑑みて、ほぼ明らかである。家庭教育支援の政策の失敗は、家庭における指導プログラムの実践を親に説得することに失敗しているからである。

(3) 「元気老人」を支える教育力

また、高齢社会の生涯学習を分析すれば、「生涯学習との出会い」が高齢者を二極分解していることが明白である。二極とは、「元気老人」と「元気を失った老人」である。「元気老人」は心身の健康を維持して社会に貢献する可能性を有している。これに対して「元気を失った老人」は、家族の厄介になり、社会の世話を必要とし、社会に負担をかけざるを得ない。残念なことに「元気老人」は少数で、「元気でない老人」は年々その数を増している。介護保険も、医療保険もいずれは破綻するであろうと予測されているのはそのためである。両者を比較してみれば、元気の「鍵」は「社会的活動への参加」にある。あらゆる社会的活動は他者との「交流」を伴い、知識や情報の習得を伴う。それらは活動者の心身の機能を活性化し、活動者の生きがいとなり、やり甲斐となり、自尊感情を支えるプライドとなる。したがって、高齢者の活力を維持し、社会の負担を軽減しようとすれば、生涯学習の根本は、高齢者の社会的活動を準備することである。この時、地域の教育力とは、高齢者の社会的役割を創造することである。「高齢者の活動プログラム」を顕在化させることである。にもかかわらず、現状では、高齢者の社会的活躍の「場」はほとんど存在しない。

定年は「労働」の停止であるが、「活動」の停止ではない。現状の高齢者教育が地域の活力にならないのは、プログラムが受動的な「学習」や自己完結的・自閉的な楽しみやスポーツに限定されているからである。生涯学習に参加する高齢者ですらも、その活動の多くは、社会に貢献する「活動」になっていない。社会に貢献しない限り、人々の賞賛も社会的承認も得ることはできない。他者からの賞賛や承認がない時、責任感も緊張感も誇りも生じにくい。責任感や誇りがない時、学ぶことも努力することも縁遠くなる。定年者の多くが「生きがい喪失症候群」に陥るのはそのためである。職業において現役の老人が元気なのは、世の中で「活動」を続けているからである。元気だから活動を続けているのではない。活動を続けているからお元気なのである。社会の注目を浴びて、適度の活動を続けていくことは元気の「もと」なのである。

「定年」による労働の停止が、結果的に活動の停止となることが熟年に危機をもたらすのである。人々は「活動を続けたからお元気だった」のである。この事実に注目すれば、高齢者のための生涯学習政策の根拠が明らかになる。高齢者の生涯学習は、「学習」より「社会的活動」が先である。活動を始めれば、必ず学習や交流の必要が生じるからである。それゆえ、高齢者に対する生涯学習政策の力点は社会参加プログロムの拡充でなければならない。高齢者の視点から見る限り、地域の教育力も、地域活性化の原点も、高齢者が社会的に活躍できる「活動プログラム」の拡充にある。ゲートボールや趣味・教養の老人大学から出発した高齢者教育は、その原点において、大きな誤りを犯したのである。

8　少年のための新しい教育力の創造

(1)　子育ての原点

親の願望は明快かつ単純である。それはわが子を「親思いの一人前」に育てたいということである。それが子育ての原点である。少年の危機とはその原点が崩壊し始めているということである。

今の日本には「親思いの一人前」を仕込んでくれるシステムがないのである。総論的に断言するのは恐縮であるが、学校も子ども会も「親思いの一人前」は育ててはいない。保護者の多くも果たして自分が「親思いの一人前」を育てることができるかどうか、不安を感じている。子育て支援講座などの誕生がそれを象徴している。

事実、多くの子は親の恩に報いる心情をもたず、合わせて一人前の資質と能力も不十分である。それは自立のトレーニングの不足であり、各種重要な体験が欠損した結果である。それが現代の「少年の危機」の根源である。それゆえ、危機を自覚した多くの親は懸命に自衛策を講じている。「塾」も「家庭教師」も「習い事」も「スポーツ少年団」も、親の自衛策の選択肢である。親は、子どもによかれと願って、さまざまな内容と方法を模索しているのである。ここから既存の学校や子ども会活動に加えてさまざまな「子どもの活動」の選択原理が出発する。「親思いの一人前」という目標に向って、親と子の「試行錯誤」が続いているのである。

既存の教育システムが親の期待を十分に満たしていない以上、子ども会のような「既存の教育プログラム」と塾やクラブのような「既存の教育プログラム以外のプログラム」は、すでに同列の選択メニューとなったのである。学校週五日制の完全実施はこの傾向をますます加速化する。自衛する親にとって、子育ての自己責任を感じざるを得ないのである。当然、親も地域も子育ての機能と責任を試されることになる。学校に対しても、子ども会に対しても、「全面委任」の幻想が消え始めているのはそのためである。ようやく、保護者も、「学校週五日制」が「教職員の週休二日制」であることを自覚したのである。「土曜日の教師」も「土曜日の学校」も、まったく頼りにならないことが明確になったのである。もちろん、「ゆとりと充実」のスローガンも、学校週五日制を導入するための教育行政の誤魔化しであって、「ゆとり」が「充実」につながる保障はない。「ゆとり」を「充実」につなげるプログラムも不明である。したがって、一方では、学校に依存しながら、他方では依存することの不安を感じている。わが子の教育は、最終的に、保護者の自己責任で達成しなければならなくなったことも自覚し始めている。教育プログラムの「選択」が始まったのはそのためである。「選択」した人と「選択」しなかった人の「生涯学習格差」が広がっているのも教育における「自己責任」原則の当然の帰結である。既存の教育システムだけでは不安であるとした場合、心情的に、学校だけでは不安であり、近所の義理でマンネリ化した「子ども会」に「付き合っている」余裕もなくなってくる。保育から少年のスポーツ活動まで生涯学習・生涯スポーツの企業化が進んでいるのはそのためである。

(2) 学校の新しい努力

「学社融合」も、「総合的学習」も学校が模索しているあたらしい教育力の創造への努力である。問題は、その努力が実を結ぶか否かである。

子どもが生活の中で育つことを考えれば、家庭と学校と地域社会の教育力の総和が子どもの成長を決定する。社会が学校依存の度合いを増し、結果的に家庭の教育努力が衰退し、地域の教育努力が消滅しようとしている時、学校が地域の人々の力を借りて新しい教育プログラムを造り出そうとする努力の方向は正しいであろう。その意味で、学社融合の発想も総合的学習もゲスト・ティーチャーの招聘も、新しい教育力を創造するための挑戦である。しかし、問題は限られた学校時間の中で、子どもが必要とする「生きる力」のすべてを培うことは到底不可能に近い。学社融合も、総合的学習も学校の守備範囲の拡大である。欲張れば学校の努力は中途半端に終わる危険性を孕んでいる。職業体験も自然体験もボランティア体験も郷土学習も、学校のカリキュラムの範囲内で完了できるほど簡単なものではない。これらはすべて、家庭での時間、地域での時間を併用して、子どもの生活時間全体の中で初めて可能になることがらである。

限られた学校時間の中で、「学業」の時間を各種の活動に細分化すればするほど、一つ一つの課題を徹底することが難しくなる。家庭の教育力や地域の教育力を復活する代わりに、学校の教育力を拡大することは可能ではある。しかし、そのためには、学校時間を短縮するのではなく、延長しなければならない。片方で、学校週五日制を導入して、学校時間を短縮し、もう一方で、「生きる力」のような達成時間のかかる、総合的な発達上の課題を学校の任務として引き受けることには初めから無理があるのである。

(3) 共同体維持機能の消失

従来の地域の教育力とは、共同体が自己責任において共同体を維持しようとする努力の結果であった。その共同体が緩やかな個人の連合体に変質しつつある過程で、地域社会はかつての共同体維持機能を喪失するのは当然なのである。地域が共同であたらなければならない仕事や作業の多くは、社会的分業の進化の過程で、行政の任務となり、民間企業の役割となった。下水の管理も消防も道の修理も河川の修復も、ほとんどの作業は地域の手を離れたのである。その過程が生活スタイルの都市化であったことは言うまでもない。したがって、現在の地域は共同体維持作業のために、青少年に道具の使い方を教えたり、仕事の手順を教えたりする機会も、必要もなくなったのである。都市化した地域社会は、共同体を維持するため子どもたちを動員したり、訓練したりする必要はないのである。教育施設が完備し、レクリエーション施設が整えられ、従来の地域の集団も人間関係も伝統や習慣も子どもにとって、必要の度合いが減少したのである。子ども会の廃品回収の多くが業者まかせになるのも社会的分業の進行の結果である。従来の地域の教育力が衰退するのは当然なのである。

(4) 教育行政の新しい努力

このような状況の中で「学童保育（放課後児童健全育成事業）」の拡充や「土曜プログラム」の創設は、新しい教育力の創造である。放課後も土曜日も、すでに従来の地域は、少年の活動プログラムを提供する能力も意志もない。もちろん共稼ぎを始めた家庭には、留守家庭の子どもたちに十分なプログラムを準備することはできない。それゆえ、教育力の低下は目に見えていたのである。

都市化が進行し、女性の社会進出が続いた中で、放課後や長期休暇中の児童の健全育成への対応が長い間放置され、「学童保育」が行政の支援を受けられなかったということは政治の無知である。そして未だに「学童保育」が地域の新しい教育力であることに気がついていないのは福祉や教育行政の怠慢であり、無能である。もちろん、これから始まるであろう各種の「土曜スクール」も行政や民間が創造する新しい地域の教育力である。また、ＮＰＯや各種の民間団体が呼び掛けるボランティア活動も子どもにとっての新しい教育力になる。

一方、従来の子ども会はすでにその教育力を失いつつある。子ども会の活性化は地域の教育力再編の課題であるが、果たして子ども会の自己改革能力は発揮できるか？　年々、役員のなり手を探すのに苦労しているようではすでに地域の教育力を担う力は行き詰まっている。子ども会は活動方針を一大転換して、指導力、企画力のある指導者を招聘する「アウトソーシング」の方法を導入しない限り、今後とも衰退の一途を辿ることであろう。現状では、子ども会の教育力を構成する各種プログラムがマンネリ化し、内容・方法ともに、他の活動プログラムに比べて競争力が低く、人々の選択に耐え得ないからである。教育行政はこうした全体状況を見渡して、教育力の再編成、補助金行政の再編成に着手しなければならない。

自覚した個人はすでに自己責任において、自らの生涯学習プログラムを探している。しかし、一方、共同体を離れた多くの個人は、適切なガイダンスがなければ、自らの活動も学習も見出すことはできない。もちろん、家庭や地域が自らの責任と力で教育力を造り出すことも難しい時代である。こうした状況の中で、行政の役割は特に大きい。個人や地域が、自らのプログラムを創造できない以上、行政は、直接、間接に、個人や団体を支援し、人々が選択できるプログラムのメニューを数多く創設する必要がある。「直接、間接に」ということは、行政が「学習支援事業」を全部抱え込むという意味ではない。学習支援もまた他の生活機能と同じく「外部化」し、「民営化」しなければならないのである。

それゆえ、「受益者負担」は必然である。公金で生涯学習のすべてをまかなうことなどできるはずはない。予算の制約も必然である。義務教育はともかく、それ以外の少年の教育は、本来、自らの責任で行なうべきことである。これまでの日本社会は、行政主導型の社会教育であったがゆえに、人々は行政による生涯学習／生涯スポーツプログラムの提供は当然と考えがちであった。しかし、財政状況が逼迫し、介護が公的資金を必要とし、子育て支援にも行政の支援が必要となった今、生涯学習活動の大部分は、市民が自前で「選択」し、選択結果は自前で負担しなければならなくなったのである。プログラムの参加者に受益者の負担を要請することは生涯学習活動が拡大した必然の結果であった。

「外部化」したのは、弁当やクリーニングや託児機能にとどまらない。子どもの教育や指導も「外部化」したのである。指導者の「アウトソーシング（戦略的外部委託）」は今や各種の活動を活性化する基本条件となったのである。行政は、「外部化」の状況に照らして「子ども活動指導者派遣事業」のような多様な教育力の創造を補完する政策を実施することが必要である。

(5) 教育の最終目標

教育の最終目的は子どもの「自立」を助けることである。自立のためには、「生きる力」が必要である。生きる力とは人生の実力の意味である。実力は、体力、耐性、道徳性、学力、感受性で構成される。したがって、家庭、学校、地域の教育力とは、これらの向上を目指すプログラムを提供することである。実力を構成する一つ一つの能力が向上していることが実感できる時、教育力は健在である。自らの家庭も含めて、教育システムの存在意義

■一人前■

「一人前」の具体的条件は当然時代の要求によって異なる。しかし、一人前の原理は変わらない。どの時代も、子育ては「保護」から始まる。子どもは周りによって、「世話」を受け、「指示」を受け、経済的な支援を受ける。したがって、「一人前になる」ということは、「自立」を意味する。自立するとは、自分のことは自分でやり、自分のことは自分で決め、職業に代表される社会の役割を果たすことである。「一人前」に近づけば、「世話」の必要がなくなり、「指示」がなくても自己判断ができ、日々の糧は自分の腕で稼ぐようになる。「一人前」を育て、「自立」のトレーニングを行なうということは、社会生活を営むに足る体力、知力、忍耐力、社会規範の修得を進めることである。

は親が子どもの成長の成果を実感できることである。

「自立」とは、社会の視点に立って、子どもが「一人前」に育っていくことである。社会の視点に立った「一人前」とは、「自分のことは自分でできるようになること」である。「自分のことは自分で決め、決めたことの責任は自分が引き受けること」である。「与えられたものを大切に使い、感謝の気持を忘れないこと」も要求される。勝手や、わがままは、家にいる時のようには許してもらえない。「社会のルールに従い、時と状況に応じてみずからの欲求や感情を抑制すること」が「小社会人」の証であるからである。保護者はその立会人であり、監督である。もちろん、家庭は社会生活のすべてを指導することはできない。それゆえ、社会生活の予行演習や、生活の糧を得るための知識・技術は別のところで習得しなければならない。少年団体や学校はそのために社会が発明した仕組みである。それゆえ、少年の社会的資質の開発ができない時、少年団体や学校はその役目を果たしているとは言えない。家庭や地域の教育力の衰退、学級崩壊、不登校、非行などが大問題になるのは、結果的に自立のための少年の資質の開発ができないからである。

(6) 夢と幻想

少年期の親の思いは、愛情も、期待も様々に織りまぜて子どもの成長に集中する。それぞれの個性を伸ばしてやりたい。肉体を鍛え、精神を鍛え、集団生活を学び、ボランティアを経験させてやりたい。英語も学ばせてやりたいし、音楽も学ばせてやりたい。そして、できることなら、それらを可能にしてくれるのは親なのだという「親の有り難さと親への感謝」の気持を育ててもらいたい。それが親のゆめである。

にもかかわらず、一人で大きくなったかのような口の聞き方と態度はどういうことか！　親に対する子どもの傍若無人の有り様はなんたることか！　「家庭内暴力」という悪夢のような状況は、なにゆえに、どこからくるのか！

現代の少年の問題は親に対する態度だけではない。人生の実力も低いのである。体力も耐性も徳性も感受性も、時には学力ですらも必ずしも十分ではないのである。非行も不登校も引き籠りも、少年の危機の具体的な証拠である。メディアが騒ぐのも無理はないのである。体力では、子ども世代は親の世代に完敗であると新聞が報じている。親の責任は大きいのであるが、親の不安も当然なのである。学校はいつでも子どものしつけとその心情のあり方を家庭の責任であるとなじるが、しつけは決して家庭だけの責任ではない。「子宝の風土」においては、それは主として「世間のしつけ」の責任なのである。もちろん、世間の委託を受けて、自立のためのトレーニングを行なうのは「学校」であり、少年団体であり、「地域の教育力」であることは言うまでもない。しかし、学校を見た時、地域を見渡した時、子どもの「実力」を向上させるプログラムは存在し、機能しているだろうか？　かくして、親の夢は実現せず、教育への幻想と化している。

(7)「無理なこと」を望む

学校週五日制に関する参考書の多くは、具体的な解決策を提起することなく、ずいぶん「無理なこと」を期待している。いわく「家庭の教育力」の回復、いわく「地域の教育力」の回復。いわく「地域の教育センターとなるべき学校」。いわく、「子どもの主体的な学習」。いわく「喜びや感動のある学習」*。学校週五日制は、改めて、学校の教育力、地域の教育力、家庭の教育力の総合を求めている。上記のスローガンや目標は正しいが一体どのように実現するのか? 学社連携も、総合的学習も、学校の教育力と地域の教育力を繋ぐことを目指しているが具体的にどのようにやるのか?

*亀井浩明「これからの教育の方向」亀井・尾木・小川編著『「学校五日制」が実施されて』学陽書房、一九九三年、二一〜七頁。

学校週五日制にかかわるスローガンを実現するためには「『開かれた学校』が必要であり、学校施設は開放されなければならない」「PTAは学校外で子どもの活動を計画しなければならない」「子どもと親の主体的活動の指導も大切である」「教員もボランティアとしてスポーツ・文化活動に参加することが望ましい」*。これらは一歩進めた提案であるが、どのように実行するのか、具体的な実施方法は示されていない。「教育力」を具体的に提示していないからである。教育力とは、それぞれの「場」で、顕在化している「学習プログラム」の総体である。教育力を高めるためには、プログラムを創造しなければならない。当然、誰が、どんなプログラムを提供するのかが問題になる。プログラムの遂行を想定すれば、その中身も方法も予算も指導者も、直ちに問題になる。学校施設をコミュニティに開放するためには、現行の「管理規則」を作り直す必要がある。週休二日制を手に入れた教員がどのような条件があれば「ボランティア活動」に参加するのか是非とも聞いてみたいものである。これらの問題を具体的に論じない限り、ほとんどの教育スローガンは「絵に描いた餅である」。具体的な学習プログラムの提供を論じない限り、教育力論の多くは現代の「ないものねだり」になる。

＊青柳健一「学校を開く、家庭を開く、地域を開く」前掲書、七五〜七七頁。

7 青少年ボランティア論の混沌
——多様な視点—分裂する視点—矛盾する視点

1 「いいこと」づくめのボランティア？

ある論者は、ボランティアは「世のため、人のため、自分のため」である、と断言する。* ボランティア活動がそんなにいいことづくめなら子どもには強制してでもさせたらいい。また、別の論者は、ボランティアとは「共生、共育を前提とする社会の活動」である、と言う。「共生」と「共育」が可能になるのなら、これも現代っ子には不可欠であろう！** なぜ、義務教育の中に取り入れないのか？

＊松兼　功『ボランティアしあおうよ』岩崎書店、一九九七年、裏表紙。
＊＊ほんの木編『初めてのボランティア』ほんの木、一九九三年、二頁。

一方、ボランティアの必修化、義務化、強制には根強い反対がある。反対論の根拠は、義務化や必修化がもたらす「自己犠牲」や、「強制」や、「苦痛」に対する反感である。「個」が「全体」または

「公共」の名のもとに特定の奉仕活動や社会貢献を義務付けられるのは「自己犠牲」の匂いがして歓迎できない、ということである。まして、少年に対するボランティア活動の義務化は、そもそもボランティアの「自主性」の原則に反する。「自己犠牲」も、「義務化」も「苦痛」の種になるだけで、結果的に逆効果をもたらす。それゆえ、「やりたいこと」は自分で探すのだ、という主張になる。しかし、子どもにやりたいことが自分で探せるのか？　責任ある態度で主体的に活動を継続できるか？「苦痛」であることが、価値あるボランティアを止める理由になるなら、教科の学習も、社会規範の学習も「苦痛」だったら止めてもいいのか？　そもそも好きなことを好きなようにやれて、苦痛を全く伴わない意義ある社会的な活動などこの世に存在するのか？　答は決して容易ではない。青少年ボランティア論は混沌の中にあるのである。

2　「建て前」論の美辞麗句

(1)　少年の「主体性」――子どもの「自主性」

ボランティアの語源はラテン語で「自由」を意味する。それゆえ、根本の精神は「主体性」である。「自主性」と言ってもいい。ボランティア活動に参加するかしないかは、自分が決める。自分で選ぶ。当然自分の判断で活動を停止する。しかし、実際には、この世のことはそれほど明快ではない。まして、この理屈を「少年」のボランティア活動にそのまま適用できるほど事態は単純ではない。

大人の中にも「主体性のない者」は様々にいるのに、少年のボランティアが少年の「主体性・自主性」から出発できるはずはない。青少年の場合、ボランティア活動に限らず、「自主性」も「主体性」も軽々に彼らの活動の前提にはできない。それらを育てることこそ青少年教育の主要な目的の一つだからである。少年のボランティア論がその目的や効用について美辞麗句を並べるのは極めて危険である。

(2) 「社会性」・「連帯性」の促進

ボランティア活動によって人々が支え合えば社会性が育つという。その通りであろう。力を出し合えば連帯も深まるという。それもその通りであろう。しかし、「社会性」も「連帯性」も様々な活動の副産物である。活動はボランティア活動に限ったことではない。社会性も、連帯性もボランティア活動の〝専売特許〟であるかのように論じるのは誤解のもとである。あらゆる人間活動の副産物は人間交流の促進である。活動の方法如何で仲間の連帯も深まる。部活でも、アルバイトでも、野外キャンプでも同じことは達成できる。要は本人の心がけと指導の方法が鍵となる。ボランティア活動だけが社会性と連帯を深めるというように聞こえるのは時に欺瞞であり、美辞麗句の謗を免れない。

(3) 社会的承認と本人の成長――創造性、開拓性、先駆性の開発

青少年に限ったことではないがボランティア活動は人生に様々な実りをもたらす。ただし、指導や

活動が理想的に展開すればの話である。

抽象的であるが、「実り」の条件を箇条書きで列挙すれば、第一に、活動や行為に対する社会的認知を受けることが重要である。当然、社会的評価によって、少年本人も活動の意義を徐々に理解するであろう。また、活動に対する人々の評価や反応は、活動者に存在実感を与える。それが「やり甲斐」である。他者に対するボランティア活動において、少年が実感できる「やり甲斐」効果は特に著しいであろう。通常、学校と家庭を往復するだけの青少年の日常に、他者の感謝や評価を受けるような機会はなかなか存在しない。日常生活で関わる「他者」も知らず、社会に対するサービスもしたことがないという少年の精神世界では、己の存在感や役割の意義を実感することは難しいであろうことは容易に想像できるからである。

第二に、ボランティアは活動を通して、様々な分野の訓練や学習や体得を促進する。少年は、活動を通して、新しい人間関係の中に飛び込み、体験の幅が広がり、社会生活の基本を学び、未開発の能力や生来の能力を発揮する。

したがって、第三に、活動への参加は、本人の成長に結びつく契機となる。ボランティアはまわりの人々から信頼されなければならない。時に、関係する方々のプライバシーや秘密も守らなければならない。時に、我慢することが必要となり、時に、正直であることが不可欠である。もちろん、相手の考えを聴くことは大切であり、相手に対して共感を示す能力も不可欠である。これらの体験は学校や家庭だけでは到底得ることはできない。

第四は、活動の成果とプロセスが、本人の満足を高めることにつながる。社会から認知され、他者から感謝されることは充実感や誇りや満足をもたらす。ボランティア活動が本人の喜びと充足から始まるというのは、このような側面を指しているのである。

人々が指摘するボランティア活動の「効用」はまだある。創造性、開拓性、先駆性などより高次の能力も発揮される、という。そうした優れた能力が育まれる可能性は確かにあるであろう。しかし、これもまた、指導と活動の中身と方法次第である。少年が創造性を発揮できるような状況が存在した時、初めてその開発が可能である。指導者が開拓性や先駆性につながる指導を展開して、初めて少年はそれらを体得する。少年のボランティアが自動的に創造性、開拓性、先駆性の開発に繋がるという意味ではないであろう。世間を見れば、創造性、開拓性、先駆性に関わりないボランティア活動も山ほどある。少年のボランティアを言葉で飾って、創造性「信仰」の一種にしてはならない。それほど素晴らしさづくめなら「チョイボラ」の挫折の説明はできないであろう。

⑷ 無償性の幻想

ボランティア論の混沌は「無償性」の原則を巡って最も著しい。ボランティアの語源はラテン語の自由意志を意味するという。主体性の論議はそこから来ている。また、自由意志に基づく人々の社会的貢献の行為は労働と区別され、活動に対する「対価」を受け取らない。それが「無償性」の原則である。自由意志で社会的奉仕の活動に関わるボランティアは、当然、「労働の対価」は求めない。「労働の対価」とは、賃金や給与等の「報酬」を指すことは言うまでもない。それゆえ、「報酬」と「必要経費」は別のものである。「無償性」の原則は活動を「ただ」でやれ、という意味ではない。日本のボランティア活動が「いいことづくめ」の掛け声ばかりで広がらないのは、人々に「タダ働き」をさせてきたからである。活動を社会的に支援する「費用弁償」の制度が不十分だからである。「無償性」を「ただ」と解釈し、結果的に活動の費用弁償の制度化に失敗し、ボランティア活動を「ただ働き」と同列に貶めた研究者や福祉関係者の責任は重い。

解説書の中には「お金を受取らないからこそ、自由な活動ができる」と説明してある。「見返り」を期待しないのがボランティアであるとも、言う。言葉だけを聞くと崇高に響くが、この種の発想は人間の活動に対する認識がいかにも甘い。「見返り」を期待しないといいながら、「V（ボランティア）切符」の制度が一方にある。* 「V切符」とは、一定時間のボランティアをすれば、いつか自分も、同じ時間のボランティアサービスを受けることができる、という仕組みである。ボランティアの交換制度は「見返り」を前提とした「サービス」の交換制度である。流行りの「エコマネー／地域通貨」の仕組みも「見返り」を原点としている。

＊こどもくらぶ編『総合学習に役立つボランティア――ボランティア入門』偕成社、二〇〇〇年、二七頁。

金を受け取らない「ただ」のサービスが自由を保障するという論理も甘い。「ただ」は自由にも繋がるであろうが、無責任にも繋がる。「ただ」だから気楽なんだ、という活動が責任をもって持続できるはずはない。日本では「ただより高いものはない」という。時に鼻持ちのならないボランティアが出るのもサービスが「ただ」だからではないのか？　恩を着せられたり、活動がいい加減になったりした時、サービスを受ける側の人の身になって考えてみればいい。人間に関するこの種の甘い発想こそ我が国のボランティア活動を停滞させてきた原因の一つである。自由は時に無責任、気侭の同意語である。また、「金をともなわないから精神的な喜びも大きい」というが、「タダ働き」が「精神的喜び」に繋がる保証はない。「タダ働き」が「苦痛」に繋がる可能性は大いにある。まして、活動を共にする有給のスタッフがいい加減な時、馬鹿馬鹿しくて「タダ働き」などやっていられるわけはない。

青少年のボランティア活動を考える時、「ボランティアただ論」の弊害はさらに明らかである。彼らに財力はない。ポケットマネーの範囲でやりなさい、ということであれば、彼らの活動のレベル・範囲はたかが知れている。「世のため、人のため」の活動に対する費用弁償は活動者に対する最小限の社会的礼儀である。アメリカ社会がボランティアを「振興」させる目的で、ボランティア振興法（一九九〇年）を成立させ、州政府が活動者に交通費や事務所経費などを支援するのは当然の配慮である。日本でも、「青年海外協力隊」や、日本青年奉仕協会（ＪＹＶＡ）の「ボランティア３６５」のプログラムにおいて、活動に参加する若者に対して、食費や住居費を支給しているのも同じ発想である。「費用弁償」は「無償性」の原則に反しない。労働の対価を受け取った時、初めて「有償」という。ボランティアが労働でない以上、「有償ボランティア」の概念は論理矛盾である。「有償」であればボランティアではない。「労働の対価」と「費用弁償」を区別する論理の整理が必要なのである。

東京都八王子市の「ヒューマンケア協会」はボランティアがお金を受け取っているという。その理由は「サービスを提供する側と受ける側とが対等の関係にたてる」という考えである。「サービスを受ける側の気兼ねがなくなり」、併せて「提供する側の責任意識」が向上するという。[*] 当然であろう。人間の活動にエネルギー、時間、経費のかからないものはない。

＊ボランティア・ワークショップ編『ボランティアブック』ブロンズ新社、一九九四年、一一九頁。

物心両面で余裕があり、費用弁償は全く必要無いという人は恵まれた自分の境遇を感謝して、再認すればいい。ボランティアの第一原則は「主体性」である。「費用弁償」を受け取らない人は自分の判断で受け取らなければいい。「費用弁償制」や、費用弁償を受け取る人をとやかく言うことはない。

3　ボランティアは「安上がりな労働力」!?

ボランティア論の建て前はその「効用」にとどまらない。ボランティアは「安上がりな労働力」ではない、という安易な認識も美辞麗句の一つである。ボランティア活動は「労働」ではない。原則はその通りである。また、本人に関する限り、ボランティア活動は確かに「労働」ではないだろう。それゆえ、活動者は「労働の対価」は要求しない。

しかし、労働と活動の関係を考えてみれば、「労働」は生産活動やサービス活動と呼ばれるように、

「活動」の特殊形態である。労働もボランティア活動も社会的機能の遂行能力において、本質的な違いはない。ボランティア活動であろうと手伝いであろうと、社会的責任の遂行においては実質的な「労働力」として機能している。本人の気持ちやボランティアの建て前だけで「労働力」機能を否定することはできない。ボランティアの人々の活動は「労働力」ではない、という安易な「労働力否定論」の説明は、ボランティアが果たす社会的役割遂行の現実を直視していない。

筆者も公民館の英会話指導のボランティアである。それゆえ、公民館の英会話クラスに必要なのは指導者の費用弁償だけだから、経費が「安い」。その「安さ」が多くの学習者を引き付けている。学習者のみなさんが正直にそうおっしゃる。この事実をひっくり返せば、筆者は安あがりの英語講師なのである。当然、多くの行政もそう考えている。多くの病院も、福祉施設もそう考えている。人の能力やエネルギーを経済学は総括的に「人的資本」と呼ぶ。同じ人的資本が「ただ」或いは「費用弁償」だけで活用できるとすれば、活用しない方がおかしい。高かろうが安かろうが、「人的資本」の中身に違いは無い。職業的講師として教えても、ボランティアで教えても、筆者の熱意にも、英会話指導能力にも違いは無い。その意味でボランティアは、実質的に安い「労働力」でもあるのである。大人は青少年に対するボランティアの勧めにあたって、口当たりのいい「建て前」や「美辞麗句」だけを並べてはならない。子どもは一般論で言えば、労働者ではない。しかし、子どもが子どもなりに役に立てば、その時点で立派な「労働力」になり得る。かつての「農繁期」は、そうした子どもの労働力を当てにせざるを得なかった農業の時代の仕組みである。それが「田植えボランティア」や「森林ボランティア」に看板を掛け替えたのである。「森林ボランティア」の登場には、ボランティアの「労働力」を抜きにして森は守れなくなった時代の背景があるのである。

4　ボランティア活動の「労働」化――「介護」の社会化―福祉を「買う」時代

原理的に、ボランティア活動は「労働」ではない。しかし、「草刈十字軍」や「森林ボランティア」が象徴するように、かつて労働で処理してきたことを、ボランティアの活動で処理するようになった事実がある。当然、その逆も起る。かつて、ボランティアが行なってきた福祉分野の奉仕やサービスの多くは、今やプロが担う「労働」になった。「介護」の社会化がそれである。福祉を買う時代が来たのである。* ボランティア無償の看板も、ボランティア「非労働力」論の論理も高齢社会の変化には抗し切れない。

＊M・マクレガー・ジェイムス、J・ジェランド・ケイタ－、小笠原慶彰訳『ボランティア・ガイドブック』一九八二年、二〇四～二〇五頁。

高齢化は介護の社会化を必然的に進める。高齢社会の介護は老老介護の現象一つを見ても、すでに家族・家庭の担当能力を越えている。当然、介護に関わる専門の人々を配置しなければならない。「有償ボランティア」（費用弁償を伴うという意味である。労働の対価を求めないボランティアに「有償」はない！）によって福祉を買う時代が来た、と書物は言う。費用弁償は当然であり、プロの職務責任が行き渡るまでの「過渡期」の現象である。高齢化が進展して、介護の社会化の時代が来たのである。職業としての介護が広く社会に認知され、「ヘルパー」という新語も生まれたのである。プロに労働の対価を支払うのは当然のことである。福祉には様々な活動場面がある。プロとボランティアの線引きは簡単ではないが、職業としての介護が成立したということは、すでに介護が「労働」になったということである。ボランティアが介護を担当してきた時代は終わったのである。福祉分野におけるボランティア「ただ」論も変わらざるを得ない。

5 「お手伝い」の三類型——ボランティアの三類型

お手伝いには三つの類型がある。第一は、義務的貢献であり、役割の強制的分担である。現代っ子はいざ知らず、多くの先輩社会人はお手伝いによって社会の仕組みを垣間見たのである。お手伝いの中身は様々である。子どもの手伝いとは言え、事と次第によっては、家族生活の不可欠な役割の場合がある。不可欠である以上、その役割が果たされない時、家族の生活に支障が出る。それゆえ、原則として、手伝いをするか否かについては、子どもの希望も言い分も聞かない。不可欠の役割は義務として与えられる。この場合の手伝いは労働であり、参加は義務であった。生活が貧しい時代にはこの種の手伝いは様々に存在した。「貧しさ」が子どもの社会化の「先生」であった時代である。

第二の類型は、「教育的カリキュラム」としてのお手伝いである。お手伝いは、役割と責任の教育的分担である。結果的に、手伝いは教育活動となる。文明の豊かさの中では、子どもが家事を分担しなければ、日々の生活が成り立たないという事情はすでにない。しかし、親は、家族生活の成り立ちを教え、後の社会生活に備えて、共同と責任と役割分担を教えたい。そのために子どもに手伝いを課する。手伝いの背景には子どもが学ぶための「隠れたカリキュラム」がある。手伝いの主たる目的は「労働」ではなく、「教育」である。この場合は状況が切羽詰まっていない分だけ、家庭環境に「手伝い」をさせる強制力はない。それゆえ、親の指導力が試される。子どもに協力させるためには、知恵を絞らねばならない。当然、ある程度は子どもの希望や言い分を聞くことになる。できれば子ども自身が納得して責任や役割を分担することが望ましいからである。それが将来の子どもの自主性、積極性にも繋がる。しかし、子どもが関心も同意も見せない時、強制から動機付けまで、親は様々な教育的指導を行なわなければならない。

第三は、「自発的活動」としてのお手伝いである。子ども自身の関心、好奇心、意欲、思いやり等を原点とする手伝いである。当然、すべてを子ども自身に任せる。周りは子どもの質問や助言の要請があった時だけ、必要な指導を与える。何よりも、子どもの個性、自主性、積極性を生かしたいからである。親は感謝し、子どもを褒め、喜んでみせる。この種類のお手伝いは、強制とも、義務とも無縁である。

三つの類型のどの場合でも、子どもは家庭のお手伝いプロセスを経て、役割を取得し、責任の意識を学んでいく。共同生活の成り立ちについても理解する。主として手伝いは家の中、家庭生活のことであるが、同じ発想を社会生活に拡大すれば、青少年ボランティアの中身や方法と合い通じる。お手伝いが辛かった子どももいる。手伝いで家族や親を理解した子どももいる。お手伝いが楽しくて、興味や関心を発掘した子どももいる。子どもに家庭の手伝いをさせる時、様々な意味とアプローチがあるように子どものボランティアにも様々な意味とアプローチがある。基本は三つの類型である。それらの主眼は、第一に義務的活動であり、第二に教育的活動であり、第三は子ども自身の自発的活動である。

6 善意の徒労——「ゴミを捨てる人」と「ゴミを拾う人」の二極化

筆者は毎日、生涯スポーツを兼ねて近くの森に散歩に出かける。森の近くに町が定める「クリーンキャンペーン道路」がある。道端のゴミは毎日出るが、ボランティアによって毎日掃除される。掃除を引き受けていらっしゃるのはTさんである。お名前がキャンペーンの看板に書いてある。時々森への往復でビニール袋にゴミを拾い集めているバイクの人に出会う。恐らくは、Tさん御本人か、或いはその命を受けたTさんの部下の方であろう。しかし、毎日往復して分かることはゴミは一向になくならない。どんなに献身的にゴミを拾っても、ゴミ捨ては減らない。善意の行為を続けても、現在のやり方では山野海浜にゴミを捨てる日本人は減らない。その文化的背景は拙論「日本社会における環境問題とパブリック概念の不在—なぜ人は『みんなの海』にゴミを捨てるのか—」（第三回生涯学習フォーラム）に譲るが、日本社会は、「われらの環境」を守るだけで、「みんなの環境」を汚さない、というパブリックの概念が不在だからである。さらに、加えて、若い世代に社会規範を守らせ、ルールに従わせるという教育的努力に失敗したからであろう。

今回の執筆にあたって幾つかの参考書を読んだが、大方のボランティア論では、「善意の徒労」を防止できない。社会に役立とうとする人々と、社会に寄生して好き勝手に暮らす人々との二極化を防ぐことはできない。「ゴミを捨てる奴」は当面、勝手気侭にゴミを捨て続ける。一方の環境ボランティアは毎日毎日ゴミを拾い続ける。Tさんはいつまで拾い続けるのであろうか？「空しい努力」だと思うことはないのであろうか？　また、「ゴミを捨てる奴」は、Tさんの努力をよそに、いつまでゴミを捨て続けるであろうか？　恐らく、いつでも、どこにでも、誰に対しても、捨てられる状況があれば、永遠にゴミを捨て続けるはずである。彼らは社会で「生きる礼儀」を教わっていないのである。多くの若者には、教育の失敗の結果、ルールも規範も身に付いてはいない。一方で、断固たる環境条例を整え、他方で、少年の時代から環境保全の役割と責任を義務付ける教育的措置を取らない限り、クリーンキャンペーンは「善意の徒労」が続くであろう。

7　「主体性論」の呪縛

現在の日本社会は、「ゴミを拾う人」にボランティアの勧めを行ないながら、「ゴミを捨てる人」への「捨てない」教育には失敗している。特に、青少年期の義務的教育に失敗している。通常、人は「教わっていないこと」は分からない。「やったことのないこと」はできない。練習を積まなければ上手にはできない。しかも、教育にも、体験にもタイミングがある。最も効果的なタイミングは「教育の適時性（Teachable Moment）」と呼ばれる。人類の長い経験から、社会生活上のしつけは子どもの頃に行なうのが最も効果的である。ボランティアが社会にとってそれぞれの著者が説くように「世のため、人のため、自分のため」になくてはならぬものであると言うのなら、当然、その考え方も、実践体験も、少年期に教えるべきであろう。にもかかわらず、青少年ボランティアの教育論は極めて「安易」である。ボランティア論者の多くは、人間の主体性を何よりも大事にするが、主体性は自然発生はしない。環境や社会への関心も自然発生はしない。ボランティア論の多くは、子どもの関心や主体性がどのように形成されるかについてはかならずしも留意していない。したがって、議論も稀薄である。まして、発達途上の子どもに初めから「主体性」があるわけではない。初めから「関心」があるわけではない。ボランティアに関する教育論の方向はここから分裂する。

8 「必修クラブ」の発想

クラブ活動は本来自発的で、主体的で、自由なものである。その点でクラブ活動はボランティア活動と原理的に共通する。しかし、学校は、子どもの発達上、クラブ活動を紹介・奨励するため、特別活動のように、カリキュラムに位置づけ、「クラブ活動」を必修にする場合が多い。「必修クラブ」制とは、クラブの選択は自由であるが、クラブ活動に参加することを義務付ける、という仕組みである。

子どもの家庭教育を意識している親も同じように「必修お手伝い」を発想する。豊かな社会では、家庭生活に不可欠な義務的労働、強制的役割分担はすでにない。もちろん、保護者の指導がなく、放置すれば、子どもが自発的に手伝うことも稀であろう。結果として、お手伝いの大半は、教育的配慮に基づいて、共同、役割分担、責任等を指導することになる。お手伝いの中身・方法については子どもの選択を認めるが、「手伝わない」という選択肢は認めない。「必修クラブ」にならった発想であり、「必修お手伝い」の発想である。

社会がボランティア教育の必要を認めた時、学校のボランティア指導も「必修クラブ」の発想に倣うべきである。子どもは、自分の興味・関心に基づいて何を選んでもよいが、ボランティア活動に参加しないことは認めない。教育指導に基づく「外枠」の強制とボランティアの自主性に則った「内側の自由」を組み合わせるのである。言葉を飾らずに言えば、部分的選択を許しながら、教育の名による強制を行なう点で「必修クラブ」と同じである。「すること」は「他律」で、「何をするか」は「自律」に任せる。この点で青少年ボランティアは成人のボランティアと根本的に異なる。成人には活動の選択権は無条件で保障しなければならない。成人の主体性が前提になるからである。参加する自由も、参加しない自由も保障する。しかし、子どもは別である。子どもを本気で指導しようとするのであれば、ボランティアにおける「主体性」の原則は、青少年ボランティアの場合は「棚上げ」しなければならない。

9 少年教育の特殊性

欧米においても日本においても、青少年が学ぶ過程にあるという事実は全く変わりない。それぞれの社会は、それぞれの基準に基づいてある年齢までを「半人前」あるいは「未成年」として扱う。少年は未だ一人前として認知されず、社会化の訓練過程にいることを意味している。それゆえ、ボランティアの第一原則である「本人の選択」と「主体的判断」を青少年の学習過程にそのまま適用することはできない。もちろん、ボランティア活動の幸運な結果としてもたらされる「社会性」も「連帯性」も「創造性」も「開拓性」も「先駆性」も、少年にかならず理解されるという保証はない。これらは人生に熟達した経験者が振り返った時の「あと追いの総括」である。子どもはいまだ未熟である。善悪の判断も時には危うい。それゆえ、活動がもたらすであろう将来の「実り」を保障することも、予見することも難しい。「未熟」と「半人前」、それがあらゆる青少年教育の出発点である。ボランティア活動の意義を教えるにあたっても例外であるはずはない。

それぞれの社会は教育と訓練を通して青少年の成長を促す。様々な方法を駆使して、主体的判断のできる自立した個人を育成しようとする。それゆえ、青少年におけるボランティア精神の涵養は、社会がそれを必要・重要と判断することから出発する。ボランティア活動への参加原則は、基本的に、青少年自身の判断によるものではない。当然、ボランティアの「主体性」原則と青少年の「未熟」な実態は両立しない。まだ成立していない少年の「主体性」を前提にして、ボランティアを論じる人々は「半人前」に対する人間観が甘いのである。礼儀も知らず、規範意識も無く、「ゴミを捨て続ける人々」が絶えないのは青少年期における「半人前」教育の失敗の付けである。「ゴミを拾い続けるボランティア」こそいい面の皮である。

10　学ぶ仕組み

青少年に対するボランティア精神の涵養は、必然的に自立した個人（成人）の場合とは異る。中身も方法も動気付けも異なる。具体的に言えば、少年にはボランティア活動のモデルを提示しなければならない。ボランティア活動を推奨する社会的雰囲気も醸成しなければならない。その中で教育の必修として一定の方法を教えるのである。しかも、これらの学習や訓練の内容は反復が肝要である。子どもたちの身に付いて、彼らが社会の期待する行動を自然に行なえるようになるには膨大な練習時間を必要とする。ボランティア活動の場合も、反復練習の原則は、他の学習分野の場合となんら変わらない。それゆえ、子どもたちの反復練習を支援する世間の空気が不可欠である。それが家風であり、家訓であり、校風であり、校訓である。方法論的には、「小さな親切運動」や「セツルメント運動」等があった。最近では、総合的学習も登場した。少年の必修ボランティアは、社会の同意なくしてはできない。まずは大人達が「手本」を示し、ボランティアの風が起らなければ、少年の意欲は喚起できない。

11 青少年にとっての価値の「先在性」

青少年の場合、原則として彼らが主体的に判断を下す自立した個人ではないという前提がある。それゆえ、青少年に対するボランティア精神の学習は「モデル」や「型」を提示するところから始めざるを得ない。ボランティアの精神は優しさや親切やいたわりや奉仕の具体的な実践を支えるものである。しかし、発達途上にある青少年がこうした精神の価値を十分理解していると仮定することはできない。

どの社会の場合でも、青少年教育の大部分は、目指すべき価値も方向も示されている。社会の歴史と経験を踏まえた一定の解答がすでに提示されている。ボランティア精神についても同様である。共同生活における「優しさ」や「思いやり」は人間にとって価値あるものであるという歴史的前提がある。それがボランティア教育の原点である。価値は時に、「神仏の言葉」として示され、あるいは時に、全体社会を維持・発展させるための「道徳や倫理」として示される。ボランティアにとって、「助け合い」は人間にとって美しく、かつ、不可欠の倫理である。「共生」のための倫理は自明のものとして「先在的に」提示されている。かくして、青少年ボランティアの最大特徴は、「価値の先在性」

である。

12 役割演技と役割取得――G・H・ミードの古典的理論

青少年は歴史的に「先在」している価値の前提を必ずしも理解してはいない。したがって、活動の意義を理解した上でボランティア活動に参加するわけでもない。彼らは自らの行為の意味や価値が分からない場合でも、社会の推奨に従い、自分を取り巻く親や教師や先輩の励ましと賞賛に元気づけられてボランティア活動に参加するのである。すなわち、初めは行為の活動内容の意味は分からなくても、社会的に評価を受け、励ましを得ることによって、自分に与えられた役割を演ずるのである。

具体的に言えば、仮に子どもたちが「親切」を実践していたとしても、彼らはまだ本心から親切ではないかもしれない。また、子どもたちのいたわりの言葉もやさしい振る舞いも、彼らの心から自然とにじみ出てくるものではないかもしれない。彼らは社会により、周りの大人たちにより、「いたわり」の型、「親切」の役割を教えられる途上にあるのである。

すなわち、「親切とは価値あることである」「いたわりは美しいことである」と教えられているのである。彼らはその発達途上において、親しい大人や社会から寄せられた役割期待に応え、「親切」を演じ、「いたわり」を実践する。それらはまだ彼ら自らが信じるところではないかもしれない。また、子真に身に付いた思いではないかも知れない。結果的に、行為と心情が分裂してしまうこともある。

どもたちの思いと行ないとが分離され、「親切」が単なる「役割の演技」にとどまってしまった時、子どもは「ぶりっ子」にならざるを得ない。青少年の道徳教育やボランティア学習が多くの点で「偽善」の匂いをさけることができないのはこのためである。

13 評価は不可欠

何につけ、評価は難しい。もちろん、難しくても評価は不可欠である。ボランティアも例外ではない。まして、ボランティア活動の普及を目標とするならば評価なしに青少年の役割意識—役割取得を促進することは難しい。青少年活動の評価方法は様々に工夫が必要である。「認めてもらうこと」にはいろいろなレベルがあることは当然であるが、「認めてもらって」初めて青少年は当該行為の意味を確認するのである。G・H・ミードは「認める側」の人々を「特別他者（Significant Others）」と「一般的他者（Generalized Others）」に分類した。「特別他者」とは、日々の生活の中で、家族や友人のように本人にとって特別の意味のある親しい人々である。「一般的他者」とは広く世間一般・社会全体を指している。「役割取得論」の原点は、青少年の行為が他者によって認知されることである。認知は評価であり、承認であり、推奨である。他者の認知なくして子どもがそれぞれの役割を取得することはない。「やらせて、ほめる」ことこそしつけの原点であり、ボランティア精神を涵養する原点である。

14 「偽善」のすすめ

子どもに限らず、人は誰でも社会的承認を必要としている。まして、今まさに発展途上にある青少年は社会に受け入れられ、親しい人々の励ましと賞賛を渇望している。それゆえ、青少年の多くが実際には本人の気持と異なるにもかかわらず、「ほめてもらいたい」「認めてもらいたい」一心で一定の役割を演ずるのである。この過程こそが社会化における役割取得のプロセスである。本音と建て前が異なるように、親切心と親切な行為は同じではない。やさしさとやさしい行為も同じではない。少年は人々の期待に応えようとして「建て前」通りに振る舞おうとする。本心は必ずしもそうでなくても、無理をして世の中の価値を実践する。そこに「偽善」が発生するのである。それゆえ、「偽善」は少年の価値に向かっての努力を象徴している。建て前通りに振る舞おうとする彼らの姿勢は、確かに時に「偽善」ではあるが、この「偽善」こそが、青少年の発達の重要なカギを握っているのである。建て前通りの振る舞いは彼らの精一杯の「役割演技」だからである。「愚か者」の真似も三年すれば、本物の「愚か者」になるであろう。「親切」の行為も、「いたわり」の行為も同じである。「親切」や「いたわり」の役割実践を数年に亘って演じきれば、本物の親切といたわりに育っていく。青少年の場合、ボランティア活動の勧めは、不可避的にこの「偽善のすすめ」の過程を通らざるを得ないのである。

15 「酸っぱい葡萄でなければ辛すぎる」――「認知的不協和」の解消

「認知的不協和」とはレオン・フェスティンガー（Leon Festinger）が提出した概念である。「認知」とは自分の理解であり、感じ方である。「不協和」とは、実際に起っている「現実」と「自分の理解・感じ方」の〝ズレ〟を言う。

自分は「そうは思っていない」のに「現実はそうなっている」時、認知的不協和が発生する。人間は胸の内に「不協和」を抱えて生きることは不可能である、とフェスティンガーは断じる。それゆえ、不協和を解消する圧力が生じる。*「現実」と「自分の思い」が矛盾しているところから「不協和」が発生している以上、それを解消するためには「現実」を変えるか、「自分の思い」を変えるかどちらかしかない。通常、誰にとっても「現実」を変えることは簡単ではない。それに比べれば、「自分の思い」を変えることは相対的に容易である。かくして、人は「変え難い現実」との不協和は自らの「思い」を変え、現実の「解釈」を変えることによって解消する。結果的に、本人の思想や感性も変わっていく。

*L・フェスティンガー、末永俊郎監訳『認知的不協和の理論』誠信書房、一九六五年。「人に衝撃を与える現実は、それに相当する認知要素をその現実に対応させるような方向に圧力を及ぼす。」一一頁。「不協和の存在は、不協和を低減し、または除去する圧力を生ぜしめる。不協和を低減する圧力の強さは、不協和の大きさの関数である。」一八～一九頁。

古来、養育は、「辛さに耐えて丈夫に育てよ」と言う。「子育てには、三分の飢えと、三分の寒さが肝要」とも言う。しかし、少年にとっての「辛いこと」はずっと「辛いまま」なのかというとそうではない。

人生の「辛い季節」を懐かしく思う時があるのは、多くの人に共通している。時には、「辛さ」の中で、様々なことを学んだように思う時もある。「人の情け」に触れたと思う時もある。なぜ人は「辛い季節」が懐かしいのであろうか？　答は単純である。「認知的不協和」の解消圧力が働くからである。「辛い季節」がいつまで経っても「辛い季節」のままだったら救われないからである。

「辛い季節を生きたくはなかった」という思いと、実際には「辛い季節を生きた」という現実は激しく矛盾する。「認知的不協和」は大きいのである。生きるに値しない時間を生きたと考えることは辛い。その辛さから逃れるためには「辛い季節」にも良いことはあったのだと思うしかない。自分の視点を変えさえすれば、「現実」は多面的であり、様々な解釈の余地がある。実際に「辛い季節」の中で人は様々なことを学ぶのである。「あの季節に耐えたからこそ今日がある」という解釈はその代表である。人はそのような「解釈」の変更を「適応」と呼び、「合理化」という。「負け惜しみ」というかも知れない。しかし、おそらくそれこそが「認知的不協和」の解消策なのである。跳んでも跳んでも、努力の甲斐なく葡萄に届かなかった「イソップ」のキツネは「あれは酸っぱい葡萄なのだ」と納得しなければこの世は辛すぎるのである！　少年の成長には教育的に配慮した「不便」や「辛さ」が不可欠である。そこから「生きる力」を体得するからである。「主体性」の開発途上にある少年には役割と責任を与えるべきである。「役割」も「責任」も、それを果たす中で「主体性」が向上するからである。ボランティア活動には、「主体的判断」も「役割」も「責任」も含まれる。時に、それらが「辛い」というが、その「辛さ」こそがボランティア体験の教育効果をもたらす。自分探しの探険に出すため、少年のボランティアは「必修クラブ」にすべきである。教育的効果には「時差」がある。たとえ、多くの少年が「辛い季節」に耐えなければならなかったとしても、いずれは「認知的不協和」の解消圧力が働いて、「必修クラブ」の苦痛を懐かしく反芻する時が来るのである。

ボランティア論者の多くは、自由の名において「義務」や「必修」を喜ばない。それは「苦痛」の代名詞だという。しかし、苦痛を伴わぬ教育は存在しない。少年の教育とは、励ましながら、役割や責任や主体性を全うする「試練」の中に放り込んでやることである。「半人前の主体性」に振り回されるボランティア論者の多くも、教育関係者の多くも、「認知的不協和」の根本が分かってはいない。

8 「こころを育む」という幻想

1 「こころ」概念の拡散

過日、佐賀県の教育週間の行事で「こころを育む」をテーマにシンポジュームが行なわれた。同様の趣旨で長崎県が進めている「こころ根っこ」運動も聞いていたので、この問題については前々から関心があった。また、凶悪な少年犯罪が起るたびに、メディアも「こころの闇」などと分からないことを分かったかのように言うので大いに反発を感じているところでもあった。以下は当日言いたかったことを整理し、改めて小論の形にまとめたものである。

そもそも教育行政が言う「豊かなこころ」こそが余りにも曖昧な概念であり、余りにも情緒的なアプローチなのである。そもそも「こころ」とは何か？　どうやって育てるのか？　どのように捉えるのか？　確かに「こころやさしい子」は存在する。しかし、「こころやさしい子」の「こころ」と「こころやさしくない子」の「こころ」はどこがどう違うのか？　「こころ豊かな子」の「こころ」と「こころ豊かでない子」の「こころ」はどこがどう違うのか？　学校教育には「こころ豊かな子」を育てるカリキュラムはあるのか？　それがあるとして、努力の結果、「こころ豊かな子」は育っているのか？　育ったか否かをどのように検証するのか？

これらの疑問を明らかにしないままに、論議を続けても論理が噛み合うはずはない。心配した通り佐賀県のシンポジュームでも論点は混乱した。最大の理由は、「こころ」についての認識がバラバラだからである。「こころ」の概念理解が人によって異なり、「こころ」に関するプログラムが拡散しているのである。議論が焦点化できないのはそのためである。

しかしながら、渦中に放り込まれることによって、当方の問題意識は鮮明になった。現場に参画することのありがたさである。司会者にとってはさぞやストレスが大きかったであろうと同情を禁じ得ない。この種のシンポジュームは登壇者に発言を任せず、「こころ」を分析する論理を想定し、主催者が細かく設定した質問を一問一答の形で問題の輪郭をはっきりさせていく方法が必要である。

例えば、

Q１　子どもの「こころ」をどのように捉えますか？　「こころ」を別の言葉で説明しようとしたらどんな表現になるでしょうか？

Q２　例えば「やさしいこころ」を持った子とはどのような子どもをいうのでしょうか？　「豊か

なこころ」の子ではどうでしょうか?
Q3 「やさしいこころ」の子の「態度」や「行為」はどんな振る舞いでしょうか?
Q4 「やさしいこころ」の子の「振る舞い」と「こころ」は一致していると考えていいでしょうか?
Q5 「やさしいこころ」の子の態度や行為はいつも「やさしい振る舞い」でしょうか?

2 捉え難き「こころ」

「移ろうこころ」「迷えるこころ」「計り難きこころ」「女心」「男心」に至るまで「こころ」は昔から不可解である。心理学者はこころについて万巻の書を著している。しかし、日常生活の中で「こころ」を捉えることは未だできていない。シンポジュームの会場で、不幸にも万引きに走った子どものお父さんから意見が出た。父は子を連れて当のお店へお詫びに行くという。立派な対応である。しかし、問題は万引きをした子の行為はこころの問題なのか? それとも行為や態度に還元すべき問題なのか? シンポジュームでは議論の機会を逸した。「でき心」という日本語の表現は行為と意識の間の「グレイゾーン」の存在を暗示している。「遊び心」も同様であろう。行為・行動はしていても「こころここにあらず」ということもある。「行為」と「心」の間は時に分裂している。それゆえ、「偽善」が存在する。親切な行為と親切心が分裂するとその行為は「偽善」になる。当然理屈の上では不親切な奴が親切を演じることができる。「おためごかし」「親切ごかし」という。「ごかし」はさかさまの意味である。「親切ごかし」は親切のふりをしているに過ぎない。しかしながら、「親切のふり」に価値はないのか？　「親切」と「親切のふり」はどこがちがうのか？

カウンセリングが流行らせた「役割演技（ロールプレイング）」というのは「親切のふり」ではないのか？　意識を伴わない「役割演技」は「役割ごかし」ではないのか？　しかし、筆者は「役割演技」を軽視しているのではない。「役割演技」は重要である。「親切のふり」を馬鹿にしているのではない。逆である。教育においては、「親切心」以上に「親切なふり」が重要であるとさえ考えている。

3 「業と原罪」

心は色も形も持たない。心は一定させることが難しく、うつろい易い。心理学者が何を言おうと教育実践は形の無いものを、確たる方法もなく追い掛けてはならない。まして、言葉だけで子どもの指導ができるなどと錯覚してはなるまい。人間の心の奥底は基本的に教育の手には負えない。歴史的に、人間の欲望の制御は神や仏の領域であった。

教育は、「形の無いもの」を追い掛けてはならない。とすれば「形のあるもの」とは何か？　それが「態度」や「行為」である。教育指導は子どもの態度や行為に焦点化すべきである。形のあるものは測定と判断が可能である。「こころ」は、現状では、測定も判断もできない。変化の測定ができなければ、いつも教育は情緒的、観念的、結果的にいい加減にならざるを得ない。正すべきは「態度」である。教えるべきは「行為」である。もちろん、「態度」ができても、「行為」が行なわれてもそれで子どもの「こころ」が育った証明にはならない。人間の意識と行為は時に、分裂・乖離するからである。

4 人間の「個体性」を甘く見てはならない

筆者は、人間の最大の特徴を「存在の個体性」であると考えている。人間の存在は個体であるため、己の肉体を通してしか物事を感じることができず、己の意識を通してしか物事を認識できない。「痛み」も、「苦しみ」もそれぞれの個体に所属している。それゆえ、「個体」は原則として「他者」に成り代わることはできず、結果的に、「他者」を理解することはできない。筆者がもっとも尊敬する日本人のことわざは「人の痛いのなら三年でも辛抱できる」である。日本人の痛烈な人間認識・事実認識である。個体は原則として他の個体と痛みを共有できない。傷付いているのは当の個体であって、その痛みは他の個体には伝達不可能である。ことは「痛み」に限らない。「淋しさ」も「辛さ」も「人恋しさ」も、原則として他者には伝わらない。共感や感情移入は基本的に人間関係の稀な例外である。しかも、相手のことが分かったつもりで分からないことは日常のことである。共感したと思っても錯覚であることが多いのは世の常である。

長崎で娘を同級生に殺された父の悲嘆はわれわれの想像を超えている。報道によれば、その父が様々な検査やカウンセリングや、審判を経た後の加害者の子どもの「心のそこが見えない」と怒りといらだちをあらわにしていた。当たり前のことである。心理学者の愚説を信じて、この父も、どの子にも「こころ」があるはずだと錯覚しているのである。加害者は単純な憎しみや自分勝手な怒りに任せて行動している。そんな子どもに他者を思いやる「こころ」などあるはずはない。他者の立場に我が身を置き換えてみるなどという芸当もできるはずはない。人間らしい「こころ」があるだろうという想定が間違っているのである。心が形成されていない者に「心の底」などあるはずはない。したがって、「あるはずもないもの」を覗くことはできない。「態度」も「行為」も、そして「こころ」も、人間が他者及びまわりの存在物と関わる中で形成される。子どもを取り巻く環境が子どもの「態度」も「行為」も規制しない時、「こころ」はもちろん、期待される態度も行為も形成できるはずはないのである。人間の「個体性」を甘く見てはならない。人間の子どもの悲劇的な社会化を論じた名著『狼に育てられた子』が雄弁に語っている。極論すれば、狼の群れの中で育てば、人も狼にならざるを得ないのである。人間は人間が構成する社会の中で育たなければならない。やさしさや思いやりのある人間関係の中で育てなければ、やさしい態度も、思いやりの行為も育てることは難しい。それが「社会化」の原理である。

5 「見えるところ」を指導する

心とは自分と他者との関係の意識である。「こころ」を育てるとは関係の意識を育てることである。しかし、意識には形も色もない。形状の無いものを教育は捉えようがないのである。しかし、多かれ少なかれ、「自分と他者の関係の意識」は子どもの態度・行動に現れる。個人の態度・行動は、人間関係及び社会の役割によって規定されているからである。もちろん、人間の意識が態度や行為に直結しているという保証はない。「潜在意識」ということもあり、「無意識」のうちにやってしまったということもある。さらに、自らの意識を裏切って考えてもいないことを態度や行為に表すこともままある。行為と意識とが乖離する代表が「偽善」であろう。目に見えないこころにも、目に見える態度や行為にも様々な難しい条件はあるが、教育は「見えるところ」を指導すべきである。「見えるところ」だけが具体的に修正できるからである。「見えるところ」だけが確実な結果として残るのである。

「親切心」を言葉で説くことはできるが、それが子どもに届いたか否かは、常に不明である。それに反して「親切」な態度や行為は必ず外に現れる。親切な態度を教えることは可能である。親切な行為の模倣も可能である。それゆえ、反復も、練習も可能である。態度や行為は形になって現れ、人々の反応も子ども達の振る舞いも観察可能である。社会が求めているのは「こころ」であろうが、社会が確実に手に入れることができるのは「態度」や「行為」である。「親切なこころ」が実現できなくても、「親切な態度や行為」が実現できれば、社会は格段に明るくなる。教育が果たすべき役割はそこまでである。教育には「業」や「原罪」の重荷は背負い切れない。慾と煩悩を背負った人間の改変を教育に期待することは「無い物ねだり」に等しい。それらは神や仏の領域である。教育界にいるものが「こころ」を育て得るなどと思い上がった錯覚に陥ってはなるまい。

「こころ」を育てられないのは「教育方法」が間違っているからではない。「こころ」は教育の手に負えないだけである。しかし、社会生活上期待される態度や行為が育てられないのは、教育方法が間違っているからである。教育は人間の「業」や「原罪」に対しては歯が立たないが、社会生活上の態度や行為を育成し、曲がったものを矯正することはできる。教育は態度と行為を育てることに徹するべきである。それが作法であり、それが礼儀である。それが社会生活の「型」である。あらゆる行動の「型」は社会の役割によって規定されている。「こころ」を育てることは難しいが、「役割」を取得させることは可能である。なぜなら、あらゆる役割は人間関係の中で決定されるからである。社会で生きて行く上での役割は、人間関係を通した「役割取得」によって獲得する。それゆえ、「しつけ」は両親を始め、親しい人々との関係の中で身に付ける役割を意味する。そしてルールや規範の遵守は、社会一般の人々との関係の中で身に付ける役割を意味するのである。

6 再び「偽善のすすめ」

教育が「こころ」を育てようとするのであれば、「意識」や「言葉」を捨てて、「態度」や「行為」

を育てるべきである。「意識も言葉」も、「態度も行為」も他者との関係の中で決まるが、前者は常に抽象的であり、後者は常に具体的である。

教育におけるこころのトレーニングの対象は、「役割意識」ではなく「役割」である。奨励するのは責任感ではない。責任の遂行である。褒めるべきは協同であり、助け合いの言葉ではない。勧めるべきは親切であり、親切な思いではない。一生懸命が大事であると教えるより、一生懸命集中させることの方が重要である。頑張りが大事だと教えるより、努力を継続させることが重要である。辛くても耐えよと口だけでいうより、実際の困難への挑戦こそが課題である。

教えるべきは態度であり、行為である。たとえそれらが子どもの意識と乖離した「偽善」であったとしても、親切な行為は現実を裏切らない。第7章「青少年のボランティア論の混沌」でも述べたが、まず初めはボランティアの「かっこ」だけでもいいのである。「かっこ」だけでも付けさせることが大事な一歩である。したがって、心の教育でも、ボランティアの教育でも、再び「偽善のすすめ」である。子どもの「行為」が「かっこ」だけということは、心を伴わない嘘かも知れない。しかし、嘘でも仕方がないのである。嘘でもやり続けさせることが重要である。「ばかなまねを三年も続ければ、文字通りの馬鹿であろう」。同じように、「親切の役割を三年も続ければ真の親切になる」。心理的治療法としての「役割演技」の真髄がそこにある。仮面である「ペルソナ」は、仮面のおのれを演じ続けることによって「パーソナリティ」に変質していくのである。心の育み方は、学校も家庭もグループも、子どもが所属する機関に方法上の違いはない。家庭も学校も地域も、「礼」や「徳」を説く代わりに、それらが意味する社会的な役割を与え、具体的な行為を教えるべきである。

7 体得すべき態度と行為

「体得」は忘れられた概念である、と書いた。「体得」とは実践して身に付ける、という意味である。人間が「分かる」ということの中には、論理的に理解する「学習」と、肉体的・感覚的に実感する「体得」がある。学習も体得も、「学ぶこと」には違いないので、両者をひっくるめて学習という場合もあるのでややこしい。学校教育が行なって来た「授業」の大部分はまさに前者の学習である。したがって、体育や音楽を除く教科の大部分は、教科書で学び、教室で学ぶことができる。それゆえ、学習の方法も成果もその大部分は言語に翻訳可能である。一方、「体得」は、教科書でも教室でもほとんど学ぶことは不可能である。体得の方法と結果はその多くが感覚的理解であり、肉体的実感である。体得のプロセスを言語に翻訳することは極めて困難である。自らの実践なくして「体得」はあり得ない。

問題の根本は、学力の大部分は「学習」が可能であるが、「生きる力」の多くは「体得」せざるを得ない、ということである。人間にとって、「こころ」の育て方は今もって不明であるが、態度や行為は体得させることができる。

体力も耐性も道徳性も感受性も、論理的に「学習」するものではない。身体的、感覚的に「体得」

するものである。それゆえ、事実の知識や概念や関係の教授を専門として来た学校にとっては苦手な分野である。学力の大半は講義と演習で学習することができるが、「生きる力」も社会生活の態度も、行為も、論理的に学ぶことはできない。「生きる力」の大部分は「体得」することが不可欠である。教育行政や学校の最悪の勘違いは、教科と同じく、「こころ」を教えることができると錯覚していることである。

8 やったことのないことはできない

知識は頭で理解するが、態度と行為は五感を通して体得する。それゆえ、こころと言葉を混同してはならない。態度と行為を育てようとするのであれば、体得を重視しなければならない。学校に教科の領域があるように、体験にも領域がある。

日本語は国語を通して学ぶように、特定の行為は特定の行為体験を通して学ぶ。責任ある態度は責任の遂行を通して学ぶ。「やったことのないことはできない」のである。責任を遂行した結果として育つのが責任感である。協力は協力体験を通して学ぶ。「教えていないことは分からない」からである。協力体験の結果として身に付くのが協力的態度である。親切は親切な行為を繰り返して身に付くものである。「練習していないものは上手にはできない」からである。技術も礼儀も作法も親切な行為も、反復して初めて自然にでるようになる。

「偽善のすすめ」とは「こころ」より「態度や行為」を優先させることである。子どもが学ぶべき「態度や行為」は社会が承認した「価値」に基づいている。「価値」の歴史は「子ども」の歴史よりも古い。教えるべき「価値」は子どもの存在にも、意識にも「先在」しているのである。

子どもが生まれた時に、すでに「価値」はあったということである。「価値」は子どもが選択するものではない。社会が選択するものである。社会の名において指導者が選択するものである。それゆえ、「偽善のすすめ」とは、子どもの「こころ」の有る無しにかかわらず、社会が必要としている「態度や行為」を「他律」によって実行させることである。礼義や親切や思いやりの「型」を身に付けるとは具体的な態度や行為を他律によって体得することを意味する。言葉を飾らずに言えば、「他律」とは「価値」の強制であり、「行動の枠」の設定である。必要とされる「態度や行為」は、社会的行動の「型」である。

あとがき——教育の「抽象性」を排す

「情緒的な言葉」を使わない

　教育界は情緒的な言葉を多用しがちである。その傾向は学校教育も、社会教育も変わらない。したがって教員の研修会でも、子育て支援の会合でも具体的活動の中身と方法の検討ができていない。それらは例えば、いわく「生き生きとした子ども」。いわく「豊かな心」。いわく「たくましい身体」。いわく「かがやく瞳」。いわく「わくわくした体験」。いわく「感動する授業」。いわく「主体的な行動」。いわく「すくすくと育てる」。いわく「共生のネットワーク」。その他延々とこの種の「形容詞」を組み合わせた叙述が続く。しかし、これらの美辞麗句は「方法」と「基準」を示さない限り、具体的な意味を持たない。「指標」をもって説明できない限り、「生き生き」の中身も「たくましい」の中身も具体的にはならない。

　抽象的・情緒的な説明をいくら並べても、具体的な状況「診断」はできない。具体的な状況診断ができなければ、具体的で、効果的な「処方」は設定できない。現在の学校や子育て支援プログラムが子どもの現状を変えることができないのは目標や方法をいつも「抽象的・情緒的」な言葉で表現しているからである。学校の努力が実を結ばないのも原因は同じである。多くの研修会の発表事例は、子どもの現状についての具体的な診断も処方もなく、活動の状況を情緒的に説明している例が多い。

それゆえ、問われるべきは「プログラム」であり、その中身であり、方法であり、効果であり、プログラムの実践に関わる指導者のあり方でなければならない。

抽象性の最たる表現が「生きる力」である

なかでも抽象性の最たる表現が教育行政が多用している「生きる力」である。「生きる力」の構成条件を具体的に示さなければ、現場も曖昧な定義のままに「魔法の言葉」として「生きる力」を使用する。あたかもそれを繰り返し唱えていれば、子どもが向上するかのような錯覚さえ持っているのではないかと思うほどである。

教育行政も学校も公民館も、「生きる力」の中身を明示して目指すべき「子ども像」を具体的に提案すべきである。本文各所に述べた通り、筆者の考える「生きる力」の構成条件は以下の五つである。まず、第一は「体力」である。「体力」は「生き物」が生存を続けるための第一条件である。体力を失った時、人間に限らずすべての生き物は生存できない。

第二は、「耐性」＝「忍耐力」である。基本的に二種類の「耐性」を重視した。「行動耐性」と「欲求不満耐性」である。前者は行動する意志と気力と体力である。後者は、己の欲求をコントロールする「切れない」能力である。人間が他の生き物と異なる最大の条件は社会を作ることである。ルールを定め、有限の資源を分け合って共同生活をすることである。したがって、欲求のままに生きることはできない。「行動耐性」も「欲求不満耐性」も、社会的動物としての人間が共同して暮らすための最も重要な条件である。忍耐力なくして限られた資源を分け合って暮らすことはできない。やりたくなくても責任を果たし、やりたくてもルールに従って、やるのを我慢する。それができるということはすべて「耐性」=「忍耐力」のおかげである。

第三は、「基礎学力」である。学力こそはあらゆる就業の条件であり、文明に支えられた社会生活の条件である。あらゆる文明、あらゆる職業の土台が基礎学力である。学校に人々の関心が集まるのはこの一点に尽きると言っても過言ではない。人生の大部分は「労働」でできているからである。

第四は、「道徳的実践力」である。「道徳的実践力」とは、ルールを知り、ルールに従う「態度」であり、規範を理解し、規範を守る「行為」を意味する。ルールと規範の遵守こそが社会生活の基本条件となることは言うまでもない。多くの学校が「心を育てる」と言って勘違いしているのはこの条件である。教育は「見えない心」を育てることは困難である。育てることができるのは具体的な「ルールに従う態度」と「規範を守る行為」である。もちろん、「態度」や「行為」が育ったからといって、それをもって「心」が育ったということはできない。人間の心には歴史的に「業」と呼ばれ、「原罪」と呼ばれる数々の欲望が渦巻き、所詮、人間の心の問題は通常の教育の手に負えるものではない。

第五は、「思いやり」や「やさしさ」の感受性である。これらは道徳的実践力から派生した「価値」である。これらもまた、「ゆたかな心」の問題として関心を集めるが、大切なのは情緒的な「思いやり」や「やさしさ」の文言ではない。人権の価値論や親切の思想でもない。指導上の問題は、それらをどのように生活の中の「態度」や「行為」に翻訳するかである。態度や行為だけが具体的に確認でき、具体的に指導の対象にすることができる。「思いやり」や「やさしさ」の態度や行為が共同生活の「質」を保障する基本条件であることは論を俟たない。子育て支援の中身も、少年教育の方法も、これらの五点の条件をいかに達成するかである。

本書の構成

本書は独立の小論文を組み合わせて上記の問いに具体的に答えようとしたものである。子育て支援については巻頭の「豊津寺子屋」モデルが筆者の実践と提言である。実践と提言の背景が「養育の社会化」論である。少年の教育については、社会が問題とした個々の課題を独立かつ具体的に論じたものを列挙している。分析と議論はお医者さんが行なう方法に倣って、「診断」の結果を提示し、「処方」の論理と方法を組み合わせることに努めた。

教育問題は常に複合的であり、多様な要素が重なり合い、組み合わさっている。それゆえ、時に論点が重複したり、同じ概念が登場することがあるが、本書の構成に連続性や順序性はない。個々の論文は個別の課題を取り上げたので、どこから読んでいただいても結構である。「少年の危機」と「少年教育」の原理を多様な視点から分析したつもりである。

原稿の校正、編集の過程では友人の永渕美法氏の絶大なる応援を頂いた。また、出版は学文社の三原多津夫氏のご理解とご支援によって初めて可能になった。深く感謝申し上げる次第である。収録した各論文は福岡県立社会教育総合センターを会場に、五年に亘って実施して来た月例研究会「生涯学習フォーラム」で研究・発表したものの中から選択し、加筆修正したものである。掲載論文の多くは研究同人正平辰男氏の御推薦で福岡県飯塚地方の月刊誌『嘉麻の里』（大庭星樹編集長）に毎号掲載していただいた。特記して御礼申し上げる次第である。

三浦　清一郎

平成一八年一月一五日

《著者紹介》

三浦　清一郎（みうら　せいいちろう）

三浦清一郎事務所所長（生涯学習・社会システム研究者）

福岡県宗像市在住。文部省，福岡教育大学教授，米国シラキューズ大学客員教授，北カロライナ大学客員教授，九州女子大学／九州共立大学副学長を経て現職。自由な教育評論を行なうかたわら，学校や自治体などの顧問として活動中。月刊生涯学習通信「風の便り」編集長。

子育て支援の方法と少年教育の原点

2006年3月1日　第1版第1刷発行
2010年8月10日　第1版第3刷発行

著　者　三浦　清一郎

発行者　田　中　千津子
発行所　株式会社　学　文　社

〒153-0064 東京都目黒区下目黒3-6-1
電話　03（3715）1501 ㈹
FAX　03（3715）2012
http://www.gakubunsha.com

印刷／シナノ印刷
製本／島崎製本

ISBN 978-4-7620-1509-0